活动策划
实战案例大全

胡柯柯　编著

清华大学出版社
北　京

内 容 简 介

本书共分为13章，内容涵盖活动策划的基础知识和大量实操案例。本书主要包括三个部分：第一部分介绍营销策划的基本概念，让读者对营销策划以及如何做营销策划有一个具体的了解；第二部分介绍9种营销策划的形式，每种形式包含5~8个实际案例，主要结合时下热点案例讲解了包装营销、产品营销、门店营销、数字化（社会化）营销、节假日营销、热点营销、跨界合作营销、娱乐营销、大型品牌活动营销的特点；第三部分是对营销策划从业者的职业建议，主要从不同行业的营销策划的特点来进行讲述。

本书语言浅显易懂，深入浅出，理论与实际案例结合，可阅读性强。它既适合有志于从事营销策划的毕业生，又适合营销策划领域的从业新人。

本书封面贴有清华大学出版社防伪标签，无标签者不得销售。
版权所有，侵权必究。举报：010-62782989，beiqinquan@tup.tsinghua.edu.cn。

图书在版编目（CIP）数据

活动策划实战案例大全 / 胡柯柯编著. —北京：清华大学出版社，2019（2024.8重印）
ISBN 978-7-302-53201-9

Ⅰ.①活… Ⅱ.①胡… Ⅲ.①活动—组织管理学—案例 Ⅳ.①C936

中国版本图书馆 CIP 数据核字（2019）第 124901 号

责任编辑：张立红
封面设计：河南安卓卡通科技有限公司
版式设计：方加青
责任校对：郭熙凤
责任印制：丛怀宇

出版发行：清华大学出版社
网　　址：https://www.tup.com.cn，https://www.wqxuetang.com
地　　址：北京清华大学学研大厦 A 座　　邮　编：100084
社 总 机：010-83470000　　邮　购：010-62786544
投稿与读者服务：010-62776969，c-service@tup.tsinghua.edu.cn
质 量 反 馈：010-62772015，zhiliang@tup.tsinghua.edu.cn
印 装 者：三河市东方印刷有限公司
经　　销：全国新华书店
开　　本：170mm×240mm　　印　张：13.25　　字　数：205 千字
版　　次：2019 年 12 月第 1 版　　印　次：2024 年 8 月第 9 次印刷
定　　价：59.00 元

产品编号：082887-01

前言 FOREWORD

我是汉语言文学专业的学生,刚毕业时对于汉语言文学毕业后能做什么工作感到特别迷茫,所以我在工作中积累了一定的心得体会后,写了一篇《汉语言文学就业指南》的文章,希望能对学弟学妹们有所帮助。不承想这篇文章得到了很多读者赞赏,收到了很多读者的回复。

这件事引起了我的思考,对于刚毕业的大学生或者刚进入职场的新人来说,如何就业,如何跳槽,心中一片迷茫。不仅如此,甚至一些已经工作两三年的同事,也曾和我探讨过什么是策划,以及策划到底应该做些什么。在从业经历中,写文案、做新媒体、做方案、谈合作、做运营……看似什么都能干,哪个岗位需要就做哪个,可是到最后样样干得不精通,在跳槽的时候毫无竞争力。相信这是大部分从业 5 年以内营销策划相关工作人员的职场痛点。

市面上营销策划类的图书大部分都偏重于理论内容,比如说 4P 理论,即 Product(产品)、Price(价格)、Place(渠道)和 Promotion(宣传),这套理论在营销策划指导上可以说是无懈可击的。但是对于一个从来没有深入理解产品、渠道、促销、价格这些概念的职场小白来说,这套理论纵然是金科玉律,也只能是高高在上的"女神",不能解决他们实际的就业选择问题,这就让我想要梳理营销策划这个岗位的就业指南。我在刚毕业的时候误打误撞，换过几份工作，走了一些弯路，后来做营销策划案例积累了一些经验，也看过一些书，慢慢对营销策划有了一个全面的认知，才能跳出工作本身来审视这个岗位。所以，本书就是为了帮助和我当时一样迷茫的学生厘清思路，发挥出自己的所长，少走弯路，尽快找到营销策划的精髓所在，在自己的岗位上发光发热。因此，对于那些初入营销策划行业，还带着很多迷茫的从业新人，本书具有很大的参考意义。

为了帮助毕业生和从业新人更好地理解营销策划，及时找准自己的方向，本书是以和就业相关的实际内容为主的。对于行业新人来说，教他一整套深奥的营销策划理论无用武之地，帮助他分清楚甲方、乙方、媒体，公司性质和文案、策划、运营等岗位特点，这样他在挑选工作的时候更明白工作内容，更容易找到和自己匹配的岗位。本书不仅选用了一些知名的营销策划案例，比如可口可乐的昵称瓶营销、杜蕾斯的感恩节营销这些经典的刷屏级案例，还选用了很多我自己在生活中发现的或者自己执行过的一些营销案例，比如"瘦十斤牛仔裤""底价爆品""门店导购"，这些案例虽然不知名，但是具有很强的操作性，具有很好的实用价值。

本 书 内 容

第一部分包括第1~2章，旨在帮助读者进入营销策划这个行业"大门"。主要内容围绕帮助营销策划新人快速在职场中找到自己的岗位，并且能够迅速上手来执行营销策划案例而展开。第1章阐述不同类型的企业对于营销策划岗位的不同要求，而且把不同公司设立营销策划的部门也进行了罗列，最后更是详细介绍了每个与营销策划相关的工作岗位的内容和特点。相信通过阅读这一章，大多数读者能迅速对号入座，找到自己的位置。第2章则是教读者如何执行一个营销策划案例，以及作为新人，在营销策划中要注意的要点，最后一小节提出一套适用于所有营销策划案例的"四案三表"法，可谓是帮助新人快速管理和执行营销策划方案的"利器"。

第二部分包括3~11章，旨在帮助读者快速进入营销策划的工作状态。这一部分围绕着大量案例而展开，通过案例的解读，希望读者能举一反三，从这些案例中寻找到策划的思路和灵感。第二部分共分 9 章,也就是 9 种不同的营销策划形式,包括将近 60 个具体的营销案例,有知名的案例,也有不知名的案例;有实操性很强的案例,也有观摩性很好的案例;有很烧钱的案例,也有不花钱的案例。这些案例可以用作灵感素材库,不同的企业对于营销策划有不同的要求,读者可以根据自己行业的特点具体分析,参考这些素材库案例就能策划出一个好的营销方案。

第三部分包括 12～13 章,旨在帮助读者了解各个行业的营销策划的特点,并提出一些就业建议。先是对各个行业的营销策划的特点做简单的介绍,即第 12 章。行业和行业的不同会导致营销策划的工作内容有很大的不同,行业的特点决定了工作的上升空间,所以选对行业对于一个营销策划者来说是一件很重要的事。然后,第 13 章就是对于营销策划从业者提出一些就业建议,包括如何持续地学习、如何更好地突破自己的瓶颈,了解一些行业的特点和规律。这一章节由《汉语言文学就业指南》衍生而来,只是把汉语言文学这个专业扩大到了营销策划这个大领域。

这本书没有大道理,也没有很多营销策划的理论知识,是根据大量的案例以及我本人在实际工作中的心得体会写成的。本书对于刚毕业想要进入营销策划行业,以及在营销策划行业迷茫的新人,具有极大的参考价值。

目录 CONTENTS

PART 1 基础知识

第1章　抽丝剥茧　营销策划入门知识 ·················002

1.1 营销策划和公司的关系 ·················003
  1.1.1　甲方：人前颐指气使，人后身兼数职 ·················003
  1.1.2　乙方：甲方虐我千百遍，我待甲方如初恋 ·················004
  1.1.3　媒体：外面的人想进来，里面的人想出去 ·················006
1.2 营销策划和部门的关系 ·················007
1.3 营销策划和岗位的关系 ·················009

第2章　删繁就简　四案三表吃透营销策划活动 ·················015

2.1 为什么需要营销策划：酒香也怕巷子深的时代 ·················016
2.2 营销策划的五个关键目标：拉新、促活、留存、变现、分享 ·················016
2.3 营销策划的三个阶段：调研、策划、执行 ·················018
2.4 营销策划的预算：市场部的人永远都缺钱，有多大能力办多大事 ·················020
2.5 营销策划的活动时间：集中资源打爆一点 ·················021

2.6 营销策划的媒介传播：精准才是好渠道 ·· 021
2.7 营销策划案管理的"四案三表" ·· 022
    2.7.1 四案 ·· 023
    2.7.2 三表 ·· 024

PART 2　营销案例

第3章　人靠衣装佛靠金装　理解包装营销 ························ 028
3.1 包装营销基础知识 ··· 029
3.2 包装营销案例解析 ··· 031
    3.2.1 瓶装营销鼻祖：可口可乐昵称瓶 ·· 031
    3.2.2 我有故事，你有酒吗：江小白表达瓶 ······································ 033
    3.2.3 只为独一无二的你：Nutella 创意包装瓶 ·································· 036
    3.2.4 分秒必争要的就是新鲜：鲜榨柳橙汁时间瓶 ····························· 037
    3.2.5 让音乐释放在 4 亿瓶身中：网易云音乐携手农夫山泉 ················· 038
    3.2.6 高手在民间：星巴克 UGC 创作杯 ·· 041
    3.2.7 在矿泉水瓶身上看新闻：日本媒体版面矿泉水瓶 ······················· 044
    3.2.8 喝着牛奶读故事：Arla 故事型瓶身 ··· 044
    3.2.9 买椟还珠才是极致：礼品型包装 ·· 045

第4章　产品是公司最好的代言人　理解产品营销 ··············· 047
4.1 产品营销基础知识 ··· 048
4.2 产品营销案例解析 ··· 049
    4.2.1 爆品不赚钱交个朋友：外婆家 3 元的麻婆豆腐 ·························· 049
    4.2.2 不明觉厉的"黑科技"：优衣库的 Heattech 技术 ························ 052
    4.2.3 入乡随俗人气旺：肯德基的老北京鸡肉卷 ································ 056
    4.2.4 物以稀为贵：限量款屡试不爽 ··· 057
    4.2.5 对消费者的撒手锏：小米的性价比营销 ··································· 060

4.2.6 人物赋予产品灵魂：褚橙的励志营销 ··· 062

第5章　被忽视的营销阵地　理解门店营销ᐳ 064

5.1 门店营销基础知识 ·· 065
5.2 门店营销案例解析 ·· 066
　　5.2.1 没有对比就没有营销：阿迪达斯boost鞋子 ··································· 066
　　5.2.2 寸土寸金资源位：门店展示型营销 ·· 067
　　5.2.3 提高试穿率才是成交的关键："瘦十斤"牛仔裤营销 ························ 070
　　5.2.4 纸上推销员下店：导购推荐营销 ··· 071
　　5.2.5 以"试用"的名义笼络人心："试"字营销 ··································· 073
　　5.2.6 门店傍大牌：ZARA挨着奢侈品开店 ·· 074
　　5.2.7 为了线上热度开店：丧茶快闪店营销 ··· 076

第6章　被移动互联网瓜分的时间　理解数字化营销ᐳ 079

6.1 数字化营销基础知识 ·· 080
　　6.1.1 数字化营销的特点 ·· 080
　　6.1.2 企业如何玩转数字化营销 ··· 082
6.2 数字化营销案例解析 ·· 083
　　6.2.1 微博营销：营销界的老司机杜蕾斯 ·· 083
　　6.2.2 微信营销：百花齐放成就一代媒体人 ··· 086
　　6.2.3 搜索引擎营销：众里寻他千百度 ··· 088
　　6.2.4 把真金白银留在社交端：星巴克的用星说 ···································· 089
　　6.2.5 社群营销：物以类聚，人以群分 ·· 091
　　6.2.6 电商营销：一切只向销售额看齐 ·· 092
　　6.2.7 抖音营销：小视频流量风口正当时 ··· 094
　　6.2.8 H5营销：玩法层出不穷，网易一枝独秀 ······································· 095

第7章　营造生活的仪式感　理解节假日营销ᐳ 098

7.1 节假日营销基础知识 ·· 099

		7.1.1　何谓节假日 099
		7.1.2　为什么要做节假日营销 100
	7.2　节假日营销案例解析 102
		7.2.1　花式促销纷繁复杂，省钱还是剁手 102
		7.2.2　无中生有造节忙：阿里巴巴"双十一" 103
		7.2.3　花样百出趣味多，线下活动引客流 105
		7.2.4　逆向营销引共鸣：情人节失恋展 107
		7.2.5　为生活增添仪式感：圣诞节美陈 109
		7.2.6　把每一个小节日都玩出新花样：建军节军装照 H5 110

第 8 章　争分夺秒蹭流量　理解热点营销 112

	8.1　热点营销基础知识 113
	8.2　热点营销案例解析 115
		8.2.1　一战成名常有之：热门赛事营销 115
		8.2.2　吃瓜群众凑热闹，娱乐热点来去都快 118
		8.2.3　释放压力好帮手，游戏热点渗透广 121
		8.2.4　自然环境千变万化，营销随机应变 122
		8.2.5　竞争对手借力打力：奔驰致敬宝马 124

第 9 章　品牌恋爱实现 1+1>2　理解跨界合作营销 127

	9.1　跨界合作营销基础知识 128
	9.2　跨界合作营销案例解析 130
		9.2.1　只有想不到，没有叫不到：Uber 的"一键呼叫" 130
		9.2.2　跨界合作开启时尚潮流：优衣库的 UT 系列 132
		9.2.3　快时尚的奢侈品设计风格：H&M 傍大牌设计师 134
		9.2.4　外形上的绝配跨界：ofo 和小黄人 136
		9.2.5　最意想不到的跨界：六神与 RIO 鸡尾酒 137
		9.2.6　把碳酸饮料卖成时尚单品：可口可乐和潮牌的跨界合作 139

第10章 娱乐至死的时代 理解娱乐营销 ·················· 141
10.1 娱乐营销基础知识 ································· 142
10.2 娱乐营销案例解析 ································· 143
10.2.1 土豪金主爸爸层出不穷：综艺节目赞助 ················ 143
10.2.2 明星代言是一把双刃剑 ·························· 145
10.2.3 请不要在广告中插播电视剧：影视植入 ················ 146
10.2.4 魔性洗脑式前置广告：弹好车 ······················ 147
10.2.5 广告与电视剧浑然一体：《那年花开月正圆》爱钱进APP植入 ···· 149
10.2.6 品牌无形资产之定制剧：《无懈可击之美女如云》 ········· 150
10.2.7 讲故事开始大行其道之微电影：新百伦《华生逆袭夏洛克》····· 151

第11章 审时度势造声势 理解大型活动营销 ·················· 155
11.1 大型活动营销基础知识 ······························ 156
11.2 大型活动营销案例解析 ······························ 158
11.2.1 得年轻人者得天下：潮流音乐节 ···················· 158
11.2.2 休闲体育赛事走出差异化竞争：新百伦 The Color Run ······ 159
11.2.3 彰显品牌底蕴文化：可口可乐130周年巡回展 ············ 160
11.2.4 "新"字是营销的重要法宝：新品发布会 ··············· 162
11.2.5 年度盛会营销：《时间的朋友》开知识类跨年演讲先河 ······ 164
11.2.6 为美食而狂欢：小龙虾节 ························· 166

PART 3 总结与建议

第12章 万变不离其宗 不同行业营销策划的特点 ················ 170
12.1 老牌行业的光环依旧：快消行业 ······················· 171
12.2 野蛮生长开天辟地：互联网行业 ······················· 173
12.3 耐住寂寞深耕市场：房产行业 ························ 175
12.4 流量为王硝烟四起：电商行业 ························ 177

12.5　以小博大创意层出不穷：文创行业 ·················· 178
12.6　与时俱进性能快速迭代：3C行业 ···················· 180
12.7　万变不离其宗：策划行业的共性 ······················ 181

第13章　初入职场不做小白　营销策划就业建议 ·············· 183

13.1　选择定位，明确自己的方向 ···························· 184
13.2　大公司有放之四海而皆准的口碑 ······················ 185
　　13.2.1　在职业生涯初期，你需要有放之四海而皆准的口碑 ·········· 185
　　13.2.2　大公司有优秀的人才，和优秀的人在一起才能做出好的项目 ······ 186
　　13.2.3　大公司有好的平台和资源，可以让你站在更高的起点 ·········· 187
13.3　营销策划工作从业者如何学习和提升 ················· 190
　　13.3.1　大量阅读行业经典书籍 ································· 190
　　13.3.2　分析、追踪与拆解行业优秀案例 ························· 191
　　13.3.3　持续撰写对行业思考的内容 ····························· 192
　　13.3.4　考研刷新自己的第一学历 ······························· 194
13.4　我的职业生涯感悟 ·· 194
　　13.4.1　本科专业只是敲门砖，工作后需要不断补充各科知识 ·········· 194
　　13.4.2　让自己有更多的选择和发展空间 ························· 195
　　13.4.3　文科生的职业护城河相对较弱，但是做到最高等级以后又很强 ···· 196
　　13.4.4　刚入行注重专业技能，发展到高层更注重通用技能了 ·········· 197
　　13.4.5　既然说到了刷新第一学历，那么要不要读研究生 ············· 197

PART 1　基础知识

第1章 抽丝剥茧 营销策划入门知识

本章会对营销策划的定义进行一个简单的描述,有助于我们理解营销策划。广义的营销策划,是从4P(Product、Price、Place、Promotion)的角度来定义。本书只选取营销策划的推广(Promotion)部分,结合营销策划行业的经典案例来介绍不同的营销策划方式对推广的作用。所以,本书提到的策划更侧重于广告、创意、推广等方面的内容。广义的营销涉及的选址、定价、产品策略则在本书不会详细展开。

1.1 营销策划和公司的关系

随着互联网的兴起,营销策划这个岗位随处可见,每个公司似乎都很缺营销策划人才,每个公司都很想要通过策划几场活动一炮而红。但是每个公司所找的营销策划明明在称呼上是一样的,但是实际工作内容却有很大的区别。为了帮助大家更好地理解营销策划,将营销策划对应的不同公司的性质分为三类:甲方、乙方和媒体。公司性质不同,对于营销策划工作的要求就不同。

1.1.1 甲方:人前颐指气使,人后身兼数职

网络上有一句调侃甲方的话:"甲方虐我千百遍,我待甲方如初恋。"由此可见,甲方在行业中的地位相对较高。甲方的市场部是一个花钱的部门,甲方市场部的营销策划人员的工作更多的是对接乙方,把自己的需求(也就是所谓的工作简报brief)准确传达给乙方,让乙方来完成这个营销策划方案的具体执行工作。从做策划到写方案,再到写文案、做设计、做执行、做投放,都由乙方来完成。一般来说,大型公司的市场部工作人员才有这个"颐指气使"的资格。甲方市场部的营销策划人员要有良好的沟通能力,判断方案好坏的能力(需要甲方营销策划人员有很丰富的一线实操经验),以及筛选乙方供应商资源的能力(如何能找到一个和自己品牌志同道合的合作伙伴)。这时候一个营销策划案能否取得成功,往往不取决于乙方的创意和执行力有多好,而是取决于甲方策划人员的思路是否清晰、判断能力是否强、是否能筛选到和自己匹配的乙方的方案。方案没有最好,只有最适合。所以在甲方市场部做营销策划的工作,要求是很高的。如果将甲方市场部的工作人员比喻为大

脑的话，乙方则是人体的躯干，大脑能不能指挥好躯干，是营销方案成功的关键。

实际情况是全国真正能"颐指气使"指挥乙方干活的"金主爸爸"就那么几家大公司。大部分人会在一个预算不足、人员配备不齐全但是老板却想做出刷屏级营销案的甲方小公司市场部做营销策划。这时候往往会出现这种情况，甲方的营销策划一人身兼数职，从策划到文案，到市场营销（PR），再到新媒体运营最后到活动执行的活全部由一个人干。这个人每个领域都懂一点，但是对每个领域又不是特别精通，最终从甲方市场部出来的员工往往综合能力强，但是单项的专业能力又偏弱。

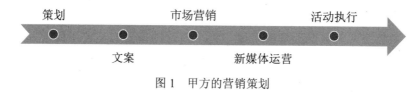

图 1　甲方的营销策划

1.1.2　乙方：甲方虐我千百遍，我待甲方如初恋

乙方就是为服务甲方的营销策划而存在的广告创意公司，如全球知名的奥美和蓝标。当然还有很多知名和不知名的乙方广告公司，比如为杜蕾斯服务的环时互动、Z+ 云平台、W+K。

为什么需要乙方公司呢？因为甲方公司需要各种各样的服务，但是这样的服务又不是长期需求。举个最简单的例子，甲方公司想用 H5 做新品的推广，但是新品推广一年就只有一次，H5 一年也就做一次，那么就没必要组建一个做 H5 的团队，直接找乙方公司来承接这个 H5 的制作就可以了。同样的道理，甲方还有各种各样的需求，从创意到视频，到漫画，到动图，到线下活动执行，有各种各样形式丰富的项目需要去做，但是又不可能每个项目都招聘有相关工作经验的人来做，所以就会把这个项目承包给乙方来做具体的执行，由甲方自己的人把关。

图 2　甲方的各种需求

很多人都不愿意待在乙方,因为乙方的工作意味着一切要以甲方的意见为执行标准,很多项目为了准时上线,就必须熬夜、通宵加班,而很多甲方并不懂营销却对你指手画脚。即使客户虐你千百遍,你还得赔笑道歉。因为对于乙方来说,最终做的工作是项目制度,每接到一个项目就意味着要在甲方规定的时间内准时上线。一般来说,留给乙方的执行时间并不多,这就意味着一个项目准时交付,往往要加班加点地赶,这就造成了乙方人员加班多,压力大。很多时候,甲方的营销策划人员又会提出很多不可思议的修改意见,也就是网友调侃的:客户不想要 Photoshop 软件做的方案,因为客户觉得 Photoshop 不够专业,想要五彩斑斓的黑色,想要 Logo 大一点又小一点……面对客户的这些无礼要求,乙方工作人员还得耐心地跟客户解释。

所以,很多营销策划人员会在乙方积累了一定经验后跳去甲方市场部,一方面,甲方市场部毕竟是花钱的部门,不用再受不专业的甲方"金主爸爸"的指挥;另一方面,拥有丰富的乙方资源和经验更容易在甲方开展工作,丰富的一线创意策划和执行经验能快速判断乙方创意的好坏。从乙方广告公司跳出来的创意人才更受甲方市场部的欢迎。因为乙方的人才术业有专攻,写文案的就有写文案的特长,做策划的就有做方案的特长,做策略的就有做策略的专长,做视频的就有做视频的专长,做插画的就有做插画的专长,乙方的营销策划人员是真正的一线执行者。

还有一群人会选择在乙方工作,他们是对创意真正热爱的人。因为乙方才是真正在做创意、在想方案,能接触更多一线的创意策划案例,也可以操盘更多的预算和案例。试想一下,在肯德基市场部工作,营销策划人员所能操盘的营销策划案例也就肯德基一家,而且真正的创意执行往往都是乙方做的,所以在肯德基市场部就很难累积做创意的经验。但是在乙方就不一样,乙方的客户可以是肯德基、麦当劳、星巴克这样的企业,那么作为乙方的营销策划,一年可以接触很多不同企业的案例。如果一年接触 10 家,每家预算

1000万元，那么一年操盘的营销案例预算就达到了1亿元。如果只在甲方市场部的话，预算就只有1000万元。在做创意的过程中，接触的不仅仅是10个案例，为了做好这10家企业的营销案例，你需要找100个甚至1000个案例，这个案例在这里不行，也许在其他家行得通。所以在乙方工作，策划和创意就有了更多的发挥空间和余地，也就有了更多的预算和实践机会。

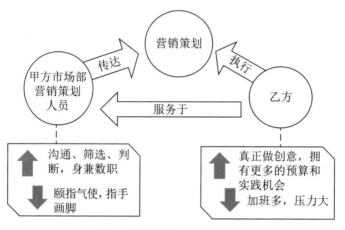

图3　营销策划的甲方和乙方

1.1.3　媒体：外面的人想进来，里面的人想出去

说完了甲方和乙方的关系，就来说说相对独立于甲方和乙方的第三方——媒体。营销策划案例需要通过传播到达用户，这时候甲方的市场部和乙方的媒介部就会选择媒体资源。媒体本身是因为产生内容而拥有用户，再在内容中植入广告，从而实现盈利（这类指的都是营利性质的媒体）。媒体的内容没有一个明确的界定，比如有些企业开发的高科技产品，即使企业不愿意让媒体大肆报道，媒体也愿意做无偿报道，因为对它们来说这是内容。有些内容，媒体则会作为广告资源出售，这时候企业的甲方的市场部和乙方的媒介部就得花钱来购买这些资源从而使自己的方案得以传播。

媒体的营销策划岗位分为两类，一类是为客户服务的营销策划。根据媒体形式可以分为：报纸、杂志、电视、广播、新媒体（微博、微信、抖音……），因为媒体形式不同,所投放的内容也是不一样的。比如说电视,就需要投放视频内容,杂志、报纸投放的就是图文素材,广播投放的就是音频。新媒体可以投放的广告内容形式就更是丰富多样了。比如 GQ 实验室就为宝马 MINI 出过一篇图文漫画,一下子就引爆了朋友圈。这就是典型的媒体营销策划为甲方客户服务而出的内容。因为媒体更懂自己用户的需求,媒体做出来的内容比甲方制作的更能得到传播。

媒体的第二类营销策划是为自己服务。说白了,媒体虽然拥有用户资源,但是媒体也需要不断营销和推广自己,媒体的内容就是产品。媒体也需要一个策划部门如何把自己的产品营销出去,如何拥有更多的用户,如何让内容更具有吸引力,如何提高内容的点击率,这些都是媒体营销策划人员要做的工作。他们需要不定期推出一些活动方案来实现媒体目标,不然在竞争激烈的媒体环境下难以生存。

营销策划这个岗位最常见的就是存在于这三个属性的公司中,三者之间只是一个相对的概念,有些情况下三者之间的角色可以互换。

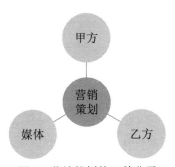

图 4　营销策划的三种公司

1.2　营销策划和部门的关系

第一小节具体介绍了营销策划在不同属性的企业往往会有不同的工作内容和侧重点,市场上对这三方有一个相对固定的认知,比如在营销策划领域,百盛集团市场部在用户认知里就属于甲方,奥美这类广告公司就会被认知为乙方，GQ 则会被认知为媒体。基于这个认知，再来谈营销策划在甲方、乙方、媒体分别存在的部门。

营销策划这个岗位在甲方一般会存在于市场部、运营部、公关部、媒介部、品牌部、营销部、数字营销部、电商部、销售部等部门。企业性质不同，营销策划部门的名称不同，比如传统快消品公司通常是市场部，但是互联网公司可能就不设立市场部而统称为运营部。有些则是因为公司分工不同，不同部门都对营销策划有需求，虽然营销策划部门的名称不同，但是岗位内容却很接近。因为产品和用户不同，市场营销策略就会不同，但营销的本质却是相同的，都是为了获得用户的关注。营销推广的本质只有五个词：拉新、促活、留存、变现、分享，所有的营销策划人员都要为了实现这五个目标而努力。很多营销的手法也趋于类似，比如传统市场部更喜欢做一些市场上固有的节假日营销，电商则更喜欢创造一些网络节日，例如，"5·20""6·18""双十一"都是电商造节营销而产生的热点节日。很多公司一个部门承担了多个部门的职能，比如市场部承担了公关部、品牌部、媒介部等部门的职能，因为这些工作职能很接近，对员工的能力要求也很接近，员工很容易胜任这些岗位。当然也有大公司，仅电商部一个部门就设立了很多分部，比如活动策划、媒介采买等。公司部门职能的划分往往取决于公司的规模，但是营销策划这个岗位不管设在哪个部门，工作性质都是万变不离其宗的。

乙方是为服务甲方而存在的创意公司。乙方的部门设置也会因公司大小而有很大区别。例如，有些公司是按照服务甲方的性质分类的，比如房地产部门，就会专门服务于房地产公司的营销策划案例；快消品部门，就会专门服务于快消品公司；互联网部门，则会专门服务于互联网公司。这种部门的设置，利于营销策划人员，对行业营销策划有一个深度的认知。一个专门服务于互联网公司的营销策划人员就能对互联网营销案例如数家珍，告诉客户每个互联网营销案例的利弊，以及适合客户的营销方案。另一类乙方公司则是按照职能来设置部门的，例如，有些公司就会分策划部、创意部、文案部、客户部、视觉创意部，这时候的营销策划人员只需具备某一个细分岗位的专业技能，成为专家，类似于特种兵。比如文案部的人，文案写作能力就会特别强。当然，乙方部门的分工也会因公司的大小而有所不同，大公司就会把岗位细分到某个特定行业（比如快消）某个特定渠道（比如微信）的某个特定岗位（文案）。如果乙方公司规模比较小，那么可能一人身兼数职。

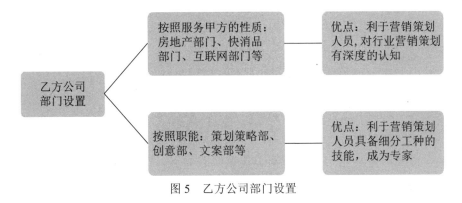

图5　乙方公司部门设置

毋庸置疑，媒体也需要营销策划人员，如果媒体是为推广本身而存在的，就可以按照甲方市场部来分工。媒体往往会因为很多产品（文化产品）的生产者具备内容策划能力而不单独设立市场部，每个编辑和记者会被当作营销策划人员。很多媒体会为客户设立营销策划人员，因为甲方只想着为营销策划活动投放广告以提升其影响力，却对媒体传播方式不了解，这时候如果有一个懂得自身媒体特点的策划人员来协助推进这个营销策划案例，那么就会取得事半功倍的效果。所以，营销策划这个岗位很有可能设置在媒体的销售部、广告部等，而且往往这个岗位不是单纯的营销策划，而是带有客户销售性质。

1.3　营销策划和岗位的关系

随着互联网的发展，营销策划成了一个热门的岗位，工资水平差异也比较大。现在我所认识的营销策划人员基本是"全才"：创意、营销、策划、广告、文案、媒介、传播、新媒体、执行、设计、编辑、运营、活动……很多营销策划虽然是"全才"，但都是基于岗位需要而被迫学会的，比如新媒体的运营，就需要学会写文章（就具有了写文案和编辑的能力），需要学会排版和配图（就有了设计的能力），需要涨粉，对粉丝活跃度负责（就有了活动策划的能力）。很多人都在这些被动的需求中学会了一项项的技能。这一小节将会具体介绍每个工作岗位需要的技能以及上升空间。很多公司会具体细分营销的各个岗位，对每个岗位的技能要求会不一样，但是也有很多公司把很多个岗位合并，使得一人身兼数职。由此可见，统称为营销策划的很多岗位都是既有属于自己岗位的特性又有属于行业的共性。以下针对每个岗位做一个简单的介绍。

1. 策略策划

策划这个岗位在不同的领域有不同的工作内容，差别很大，不过这个岗位的核心价值是有策略地谋划事件，是整个营销策划方案的灵魂所在。策略策划做得好坏直接决定了方案被市场用户接受的程度，策略策划人员要根据产品、市场的特点来决定最终采用什么样的形式、在什么时间来营销自己的产品，这关系到整个营销策划案的成败。现在很多公司都是把文案和策划两个岗位合并为一种，因为这两个岗位是相辅相成的，但是如果将这两个岗位分开看待的话，策划是隐藏在文字背后的策略和谋划，而文案是策略策划的一种表现形式。

2. 文案

文案更多的是指商业文案，也就是为产品撰写文字的岗位，商业文案有一个形象的定义——纸上推销员。文案侧重于文字的表达能力，侧重于情感的共鸣。如何遣词造句，如何用准词，语境是否合适，是文案撰写的关键着眼点。文案不是卖弄文字才华，而是讲述产品卖点，通过文字的形式翻译成消费语言，从而把产品推销出去。文案的从业门槛很低，几乎识字的人都可以做文案，因为门槛低，文案从业者的薪资普遍不高，大部分人不是纸上推销员，而是文字的整理者。真正优秀的文案是很值钱的，因为相同的产品使用不同的文案就会产生不同的销售力。很多产品因为文案的改变，销售可以翻好几倍，这就是值钱的文案。这种文案不仅仅体现对文字的驾驭能力，更能体现对客户的洞察能力。随着电商和互联网的兴起，越来越多的产品需要在线上进行推广，使得文案这一职业越来越受欢迎。

3. 编辑

编辑在传统媒体行业的地位往往比较高，很多人是做了很多年一线记者以后转到编辑岗位的。编辑对记者的稿件具有生杀大权，决定谁的稿件可以上媒体版面，谁的稿件不能上。但是随着新媒体的兴起，很多新媒体都配备了编辑岗位，虽然是编辑，往往都自称为小编。由此可见，新媒体行业的编辑地位并没有传统行业的编辑地位高。新媒体行业的编辑的工作内容更多的是对文字的整理、对微信内容的排版、与粉丝互动，还有些编辑兼具活动策划的功能，包括涨粉、促活等工作。

4. 记者

记者这个岗位没有被新媒体和互联网改变原来的定义，更多的还是存在于纸媒行业。只是随着纸媒的衰落，记者的地位一年不如一年是不争的事实。在纸媒时代，记者是"无冕之王"，他们奋战在一线，通过文字和图片为大众读者讲述故事。对很多企业来说，成也媒体，败也媒体，记者的一篇报道往往可以对一个企业有很大的影响。随着自媒体的崛起，很多记者纷纷转行做了新媒体。传统的记者岗位工作辛苦，作息不规律，收入少，曝光企业还得冒着风险，而新媒体则是在资本的风口，光鲜靓丽，受资本的追捧。

5. 运营

运营是互联网和新媒体行业的一个热门岗位，但是运营的内容很宽泛，定位也不一样。新媒体行业的运营，工作内容包含内容运营（更侧重于内容的策划和撰写）、活动运营（更侧重于粉丝互动和增长）。如果是互联网端的运营，那么就会包含用户运营（拉新、促活、留存、变现、分享）。以打车APP为例，这只是一个虚拟的平台型产品，所以拉更多的用户进来，让更多用户使用并留在这个平台，成为最重要的运营工作。还有一类电商的运营工作，涉及商品页面的维护、产品的上下架、用户评价的维护等。互联网时代，运营成为一个热门的岗位，其门槛低，容易入手，但整个行业的从业人员薪资差距非常大，有薪资两三千的运营人员，也有薪资两三万的运营人员。

6. 活动策划

活动往往是和策划联系在一起的，往往是为了达到某种目标而进行的一系列有目的、有组织、有规划的事件。活动策划更侧重于创意，也就是一个形式怎么玩，什么时候玩，用什么形式玩，和谁玩。比如杜蕾斯在感恩节做的一系列海报，要感谢几个品牌，要在每个时间节点感谢一个品牌，要用微博海报的形式来做，这些都属于活动策划的范畴。活动策划也很注重执行的细节，也就是说，怎么把一个创意转化成策划方案，再把策划方案转化成落地活动，这个层层的执行环节很考验活动主负责人的把控能力。活动策划包括线上的活动，也包括线下的活动，小到新媒体的发送礼品，大到线下大型音乐节活动。活动策划的岗位重要性往往是由活动的大小和重要性决定的。如果一个活动策划人员做的都是一些小活动，那么这个岗位相对来说就不那么重要，他的薪资也不会很高；如果一个活动策划的主要负责人承担的都是企业大型活动，那么这个岗位就会变得很重要，他的薪资待遇就会很可观。

7. 媒介沟通

策划出来的活动方案，不能只靠自己传播，需要借助媒介渠道进行传播。针对这样的情况，很多大公司会单独设立媒介沟通部门，这个岗位的主要职责就是维护媒体的关系，并且在有需要的情况下购买他们的媒体资源、媒体版面等。媒介沟通的工作内容是和第三方媒体打交道，这就需要从业人员具有很强的沟通能力。

8. 公关

媒介和公关，让人感觉相似，但是其实这是两个不同的岗位。媒介只是单纯的媒体关系，而且一般媒介部门的设立都是为了采购媒体的硬广资源。公关的工作内容则要软性一点，是通过各种形式潜移默化地塑造品牌的形象。从字面意思来解释公关的话，就是企业为了维护公关关系而设立的岗位。对企业来说，政府机构是公关关系，大众媒体是公关关系，普通用户是公关关系，公关的职责就是代表企业向这些社会组织和个人表达企业的观点和态度。

9. 传播

传播和媒介有所不同，传播的岗位职责不仅包括把需要传播的内容通过付费的渠道资源传播出去，还包括通过免费的渠道传播内容。传播既包括对外的渠道，也包括内部的自有渠道（自有渠道包括自己的官网、官微、官方账号等）。

10. 设计

设计相对其他几个岗位而言具有很强的独立性，而且前面很多岗位基本上是可以互通的，例如，一个公关从业者很容易转岗去做活动策划，因为大部分工作内容几乎可以说是没有门槛的。设计则不一样，设计的入行门槛相对较高，需要使用专业的设计软件从事设计工作，学会了软件以后还要学会审美、学会排版，这就把很大一部分人挡在了门外。设计虽然独立，但是这个岗位是营销策划的一个重要岗位。设计和文案策划是两个相爱相杀的岗位，两个岗位联系密切。很多好的创意光有想法不行，光有文字表现渲染力也太差，那么对文字进行排版设计，对画面进行富有视觉冲击力的设计，好的创意想法就会变成一个吸引人的作品，才能得以传播。基本上所有营销策划涉及的岗位都需要设计师的配合。

将每个岗位划分得这么细致，一是为了让大家了解不同岗位之间的细微差别，以及岗位对技能的具体要求。在实际运作中，很多公司把好几个岗位合并，一个人身兼数职。这是因为这些岗位的入门门槛低，大部分公司对于这些岗位要求不高，只要能满足日常的维护即可。比如媒介沟通，一个本土的小企业需要维护的媒介可能就是本市的三五家媒体关系，就无须专门设立一个岗位招一个人来做这件事了，这项工作内容可能和文案策划岗位放在一起。大公司要维护的媒体关系则不是简单的几家，而是全国各地区大大小小的数百家媒体，那么维护媒体关系单靠一个人做不过来，就需要设立一个部门来完成。所以，岗位的划分和公司大小有很大的关系。

二是让那些想走专业化发展路径的人认知到每个岗位之间的细微差距后聚焦于自己最感兴趣的岗位，进行专业化路径的提升和发展。比如文案和策划这个岗位，很多乙方广告公司是把这个岗位分开的。一个好文案的发展路径是初级文案—中级文案—资深文案—文案总监—文案群总监……文案重要的工作是写文案，而不是去做活动、去做策划、去做运营，其他工作内容对于想成为一个好文案的人来说就是杂事，要成为一个优秀的文案，则要尽可能从这些杂事中解放出来。

三是为了让那些被岗位名称困惑的人找到适合自己的岗位。如果你不打算走专业化路径，那么就不要对岗位名称斤斤计较，大部分岗位需要的是一个营销策划领域的"全才"，既能承担策划，又能承担新媒体运营，还能承担文案，以及做好媒介沟通的工作。以我自己的工作经历为例，除了设计以外，我对于上述的岗位基本都略知一二，这不是我自己选择的，而是公司现状决定的。只有大公司才需要特别细分岗位的人才，也就是大家所谓的螺丝钉式的工作方式。大公司的职位有限，进入大公司的门槛高，这就造成了大量的人只能在一些中小型公司里工作。中小型公司往往不会设立这么多岗位，所以一个营销策划的岗位就需要具备上述提到的大部分工作技能。好在这些工作技能接近，有很多共同之处，上手快，转换容易。

这是一本给工作 5 年内的营销策划人员看的书，所以这一章对营销策划在不同公司的状态、营销策划在不同部门的工作内容，以及与营销策划相关的岗位的具体工作职责进行了简单的介绍，便于营销策划入门者厘清自己现阶段所处的位置。下一章将会对营销策划具体的工作内容进行简单的介绍，有助于从业者更好地了解这个岗位。

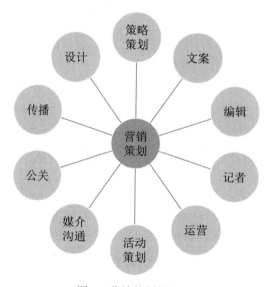

图 6　营销策划的岗位

第2章　删繁就简　四案三表 吃透营销策划活动

第1章从企业和行业的角度解读营销策划，让我们对营销策划有了一个宏观的了解。本章就营销策划这个工作的具体开展方式来讲述营销策划的基本要素，帮助我们更好地从策划到执行完成一个营销策划方案。

2.1 为什么需要营销策划：酒香也怕巷子深的时代

我们关注最多的营销策划案例往往来自快消品、互联网等这种用户基数比较大的行业，很多刷屏级的营销案例也出自这些企业，久而久之我们就形成了固化思维，觉得只有消费类产品才需要做营销策划，把我们想要传达的内容传达给消费者。而像畅销书、电影、电视剧这种凭借内容本身吸引受众的产品是不需要做营销策划的。其实不然，所有的行业都需要营销策划，所有的产品（实物的、虚拟的）都需要营销。票房好的电影，一是电影拍得好，二是营销做得好。

营销是为了把自己想要传达的内容准确无误地传达给目标受众，从而实现销售。在这个信息和物质过剩的时代，不管是无形的文化类产品（包括电影、书籍、知识付费、电视剧、培训课等），还是有形的实物产品（快消品、3C产品、耐消品等），抑或是人本身（歌手、畅销书作家、演员等）都需要营销。不管是知名的产品还是不知名的产品都需要营销，因为知名的产品要占据更多的市场份额，不知名的产品则要打开市场。

2.2 营销策划的五个关键目标：拉新、促活、留存、变现、分享

营销策划形式多种多样，玩法也各异，说起营销策划这项工作，大家好像都觉得很虚。有些公司给营销策划定的KPI（Key Performance Indicator，关键绩效指标）也很虚，比如提升品牌知名度、媒体曝光度。营销策划最重

要的有五个关键目标：拉新、促活、留存、变现、分享。这一小节具体展开每个关键的目标。

1. 拉新

拉新的意思就是要让从来没有用过我们的产品（指一切实物和虚拟的产品）的用户转化为产品的用户。这是一个很好理解的营销行为，实物产品就是要让所有没有买过我们产品的人购买我们的产品，互联网的产品则是让所有没有注册过我们互联网产品的用户注册，媒体类产品则是让所有没有关注或者订阅我们产品的人成为我们的订阅用户，明星类产品则可以理解为让原本不是粉丝的人成为这个明星的粉丝。拉新用户不是口头喊喊的行为——我想让新用户来购买，而是制定一系列的营销活动，包括促销、媒体宣传、买赠、试用、体验、老用户介绍等策划方案，最终让新用户转化为我们产品的用户。这里有一个关键的概念要区分，就是所有已经购买过我们产品的用户再次购买的行为都不算新用户。只有完全针对新用户的营销活动才可以称为拉新，这是为了区分后面的促活概念。

2. 促活

促活，顾名思义就是促进老用户的活跃度。曾经买过一次我们产品的用户，后来再也不买了，或者买过我们产品的用户活跃度没有我们预期的高。互联网有一个日活、月活的概念，用户不活跃相当于僵尸粉，是无效的用户。所以，要针对这样一群"沉睡"的用户制定促进他们活跃度的营销活动，比如签到送礼、买赠促销、消息推送。老用户的活跃度高了，对于互联网来说就是用户活跃度高了，一切行为都可以展开了，广告宣传就更有价值了；对于实体产品来说，一个老用户购买频次多了，那么总的销售额就会提升。

3. 留存

留存的意思就是让用户在你这个平台留下来，或者让顾客对你这个实物产品保有忠诚度，会一直反复不断地购买。理想的情况是希望每个用过你产品的用户都能留下来，就是留存率达到了100%，现实的情况是每个产品总有客户要流失。所以，留存要做的工作就是通过一系列的营销策划活动来提高留存率，让顾客留下来。有很多让顾客留下来的促销优惠活动，比如买赠券，返回了200元，但是分成10元的20张，也就是顾客需要反复消费20次，后续又会有不同的形式让顾客留存。还有就是提升产品的体验，比如健身房的会员卡产品，如果顾客感觉在健身房得不到想要的锻炼和健身的效果，那么卡到期以后，客户就会流失，所以健身房就需要策划一些活动，让顾客更积极地去参与锻炼，这样才能让用户留下来续卡。

4. 变现

互联网的模式是先用免费的或者极低的价格把用户吸引进来，让他成为自己产品的用户。但是互联网也是要营利的，不可能一直都免费提供，所以就会有变现这一个环节，即通过一系列的活动，让顾客主动愿意掏钱买单。这和产品也是有很大关系的，用户进来以后，一个商家能够持续反复地为用户提供他想要的产品，用户自然愿意买单。除了产品之外，很重要的一个原因是做了营销，用一些活动的形式让顾客付费购买。

5. 分享

分享则是用户愿意为产品做宣传，分享的途径有很多种，比如朋友圈分享、各种消费网站上写购买体验、淘宝上写评价、口口相传地推荐。让用户分享，一方面是用户打心眼里认可你这个产品，他会自主自发地去分享；另一方面则是要设置一些营销活动，刺激用户去分享。如分享送礼，分享之后可以享受优惠等活动。又如现在很多淘宝商家在做"五星好评+20字的评价，就返现2元"的活动。这些都是营销策划里鼓励用户分享的活动形式。

不管是什么样的营销策划，归根结底可量化的目标只有五个：拉新、促活、留存、变现、分享。所有的营销策划活动都是针对这五个关键目标展开的，这也是最有效的、最有指导意义的关键指标。

2.3 营销策划的三个阶段：调研、策划、执行

说完了营销策划的五个关键目标，再来说说营销策划的三个阶段，明确区分每个阶段的重点工作和目标任务。

1. 市场调研阶段

很多人认为营销策划是从写策划方案开始的，对于市场一无所知的时候

就在办公室闭门造车，写了一堆漂亮的PPT方案。这些方案因为缺乏对市场的观察，在执行的过程中往往是没有效果的。营销策划案例真正始于市场调研，这很考验活动负责人对于产品、市场、竞品的洞察力，这是写好策划方案的基础。市场调研包括几个方面：竞争对手的营销策略、竞品的价格、产品性能、消费者的变化趋势等。市场调研可以邀请专业的第三方公司进行，也有的公司会设立专门的前期市场调研部门，可以每次针对一个营销活动方案展开前期的市场调研。

2. 策略策划阶段

等到我们搜集到了足够的市场信息以后，我们对于竞品、消费者、自己的产品有了一个初步的市场预估，就要制定营销策划的策略。比如说竞品正在做买一赠一的活动，并且市场反馈良好，那么对竞品最有利打击的活动方案可能就是5折促销，也可以和竞品一样买就赠送。如果对自己的产品有信心，就不做任何活动。这是营销策划案例的一种思路，具体要怎么做则需要负责人来确定方向和思路，然后再根据这个策略撰写整个营销策划方案。

3. 执行落地阶段

等我们在第二阶段确定了整个市场策略和营销方案以后，就到了落地执行的阶段。落地执行包括很多内容，整个方案是由自己来执行还是交给第三方执行公司执行，是线上执行还是线下执行，执行物料是哪些，谁来执行物料的制作、分发。大型活动具体的执行涉及好几十个人，每个人都有明确的任务。此外，执行的起止时间，什么时候要执行哪些内容，是否需要媒介传播，这些都是执行过程中的细节。不同营销活动对于具体的执行细节有很大的区别。

图7 营销策划的三个阶段

2.4 营销策划的预算：市场部的人永远都缺钱，有多大能力办多大事

有一个说法，市场部的人永远都缺钱，大公司的市场部缺大钱，小公司的市场部缺小钱，有些公司甚至没有预算。有多少钱办多少事情，有多大能力干多大事情，这是市场部的人对于营销预算应该有的认知。

实际情况是很多市场部的负责人对于预算往往没有很清晰的认知。网络上有一种说法，几乎每个品牌的负责人都让自己的小编学习过杜蕾斯的热点运营。要知道杜蕾斯是专业的第三方广告公司，有一整个团队在为它服务。在世界杯热点期间，杜蕾斯的新媒体海报预测结果都是做胜、平、负三套方案的，不管出什么样的结果，杜蕾斯总能第一时间"踩热点"。那么对于一个只有1～2人新媒体小编的公司，能有那么多人力、物力去学习杜蕾斯吗？当然不能！

我们也不能拿着100万元的年度市场预算，想着请明星代言的事情；更不能拿着1000万元的预算，一掷千金搞个综艺冠名，现在综艺冠名都是几个亿的冠名费。如果对自己的营销预算没有一个清晰的认知，不清楚自己的品牌定位，就会提出一些不符合品牌当下阶段的营销策划活动方案，事倍功半。100万元有100万元的花法，2000万元有2000万元的花法，零预算有零预算的营销方案，只有清晰认知自己的预算，才能制定出符合自己品牌定位的营销方案。

正确认识自己品牌的年度预算，规划好每个年度、每个季度、每个月度、每个活动的预算，即使是小品牌也会使自己的品牌知名度在所需要的范围内得到提升。有个数据可供参考，品牌营销费用预算是年度销售额的2%～10%，品牌内容制作和媒介渠道的比例是1∶6，也就是说，现在的明星代言200元是起步价，还要花6倍的媒介渠道推广费用，才能真正达到效果，也就是总预算要达到1400元。在品牌营销单个活动预算里，5%是物料制作费用，90%是活动本身所需要的支持，5%要留作机动的费用。

2.5 营销策划的活动时间：集中资源打爆一点

刚开始做营销策划活动的时候，总希望活动做得越长越好，潜意识里总是认为活动时间越长意味着曝光的时间就越长。其实，现实往往不是这样的，很多营销策划活动的周期都比预想的要短，比如开发一个 H5 推广新品，我希望的周期是一个月，一个月持续不断地去推广这个 H5，这样我就可以把 H5 制作的成本摊薄到最低。H5 制作的供应商则告诉我，一个 H5 活动持续时间最长只能是 7 天，用户对这个 H5 的关注度会在 3～4 天达到顶峰，然后开始回落，活动周期时间超过 7 天就容易出现资源浪费的现象。同理，电影的周期热度也就只有一个月，上线一个月以后，一个电影的热度就会被下一部新上映的电影覆盖；电视剧是连续播放，只要电视剧相对有热度，电视剧的热点持续时间则相对长一些，可能会达到两个月。回想一下，2017 年《人民的名义》非常热，但是电视剧收官以后，热度就慢慢褪去了，等到 2018 年，大部分人忘了这部电视剧。基于每个活动都有一个营销热度的周期，合理制定营销活动的周期则显得至关重要，即如何在最有效的时间段，集中有限的资源打爆一个点。

2.6 营销策划的媒介传播：精准才是好渠道

大部分人都认为刷屏级营销活动靠的是很好的创意、有趣的想法、种子用户的自发传播。真实的情况是，靠自发传播引爆的案例少之又少，大部分传播到我们普通人朋友圈的营销策划案例，在前期已经投入了大量的媒介渠道费用，才得以在某一个环节得到爆发式增长。当种子用户非常少的时候，一个活动再好，创意再有趣，这个活动也会被沉没在茫茫的信息海洋中。只有在天时地利人和、创意好、投放资源充足的情况下，我们才能做出刷屏级的营销案例。很多刷屏级的营销案例都说自己没有投放很多资源，也许他是没有投放付费资源，但是他品牌自带的流量就是很多普通品牌望尘莫及的。

所以，做营销策划活动的，千万不要迷信刷屏级的营销策划案例。最重要的是要对媒介渠道传播有一个很清晰的认知。

1. 传播媒介的投放精准度比知名度重要

举个极端的例子，想要在一个县级市里出租房子，最好的媒体渠道是县级市的本地媒体，而不是知名的央视。这个道理很容易理解，因为县级市有最精准的客户，而投放在央视就是大大的资源浪费（当然，正常人出租房子根本不会投放央视的广告），而且效果还没有本地的媒体好。从这样一个极端的案例就能得到显而易见的结论，很多人都看得很明白。但是到自己做的营销案例要做传播的时候，往往就会变成当局者迷，在有预算的情况下，大量采购知名媒介，媒介的用户群体却不是自己的精准客户群体，造成媒介资源浪费。

2. 有时候准确传达信息比创意更重要

很多人挖空了心思想要传播创意，有时候最终会变成本末倒置。虽然制作的海报美轮美奂，但是却没有传播本次活动的要点（比如漏写活动时间、活动地点、活动形式等），即使海报传播到了用户那里，用户充满疑惑，不会反馈有用的信息。所以，所有的创意一定要为最终的目的而服务，即准确地传达信息，这是高于创意的标准的。

2.7 营销策划案管理的"四案三表"

前面提到很多营销策划的要素，是帮助大家理解如何做好营销策划这个具体的活动执行。这一小节主要讲在理解了上面的要素之后，把这些要素用到营销策划方案里，最终形成一个完整的可执行的营销策划案。

营销策划的形式多种多样，从线上到线下，从活动到媒介，但是不管营销策划案例怎么变化，我们都可以利用一套营销策划的"四案三表"，完成形式各异的营销策划活动的执行工作。

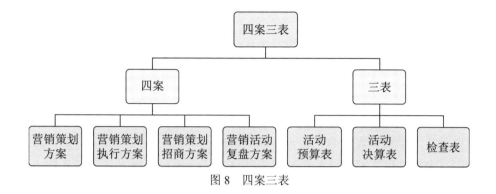

图 8　四案三表

2.7.1　四案

四案包括营销策划方案（提案）、营销策划执行方案（物料表和人物分工）、营销策划招商方案（资源表）和营销活动复盘方案。

1. 营销策划方案

营销策划方案是重中之重，所有的方案都是由这个方案衍生出来的。在广告公司，营销策划方案也被称为提案（甲方营销因为要进行内部领导和同事的说服工作，也做这个提案，就是提议性方案）。这个阶段的方案，更注重创意、营销思路、营销的玩法。因为要让你的目标受众（甲方、公司同事、领导、外部客户等）了解并理解整个策划的思路，所以这个阶段建议用PPT来做方案，有些地方可以放参考效果示意图，这样有助于所有聆听你这个提案的人理解整个营销活动的玩法。这个营销策划案只要包括简单的活动背景、活动目的、活动周期、活动渠道、活动形式、推广传播等要素即可。

2. 营销策划执行方案

等到策划方案通过以后，说明我们的策划方案就要进入执行阶段了。天马行空的想法虽好，但是如果执行跟不上创意就是白搭。正所谓一流的创意、三流的执行比不过三流的创意、一流的执行。执行方案对执行起着重要的指导作用，也是确保活动执行方案能够细化的最重要保证。执行方案最重要的是要包含两个内容：人员分工安排和物料管理。

(1) 人员分工

大的营销策划方案往往是由一个团队完成的，这时候就需要活动主负责人做好人员具体任务的分工安排，必须明确到谁做什么工作以及截止时间。

(2) 物料管理

营销策划活动往往会涉及很多宣传物料，尤其是线下的活动，物料更是少不了。因为物料有采购、已有、供应商携带等各种不同的情况，所以这时候用一张表格来管理物料的在途情况就可以帮助活动负责人省下很多精力，还能保证不遗漏、不出错。

3. 营销策划招商方案

很多营销活动是由甲方自己出钱主办的，所以不涉及招商。但是也有很多活动不是靠一己之力可以完成的，需要联合其他品牌共同完成，有钱的出钱，有力的出力，有出资源的出资源，这时候就涉及招商方案。往大了说，任何大大小小的活动都可以有赞助商，包括现金赞助、礼品赞助、资源赞助、人力赞助等形式，对企业来说，赞助活动是为了获得回报，所以招商方案最重要的就是明确在本次活动中给赞助商的资源展示。资源展示形式往往是决定赞助商是否赞助的重要原因，建议赞助方案可以用 PPT+Excel 的形式做，PPT 用于展示本次活动的玩法（也就是前面所说的提案），Excel 用于展示赞助商具体资源体现权益列表。

4. 营销活动复盘方案

每一个营销活动的真正结束不是在活动结束的那一瞬间，而是写完活动复盘方案的时候。总结这一次的活动效果、活动不足以及可以改善的方面，是为了让下一次的营销方案取得更好效果，积累更多的经验。

2.7.2 三表

三表包括活动预算表、活动决算表和检查表。

1. 活动预算表

不知道一个营销活动有多少钱可以支配，意味着后面所有的事情都无法进行。因为不知道应该预定什么样的场地，不知道该采购什么样价位的媒介，不知道该请什么样的演出人员。任何活动的第一步都是为整个活动制定预算，一般可以根据公司的年度预算、季度预算、月度预算来合理分配一次活动的预算。预算表最好细到每个项目的花费支出、物料的预算、传播媒介的预算、场地的预算、活动的预算，做得越是细致的预算表，对于执行越具有指导意义，以减少不必要的支出。有预算不可能做到百分百的精准，但是预算的存在有助于我们做出相对准确的决策。

2. 活动决算表

当你有了一份预估的费用表格，活动最终就会产生一份实际花费的表格，最后把这个费用统计完成，就是决算表。决算表的作用就是要和预算表核对，看看哪些开支是不必要的，而这些开支为什么会发生，下次是否能避免；哪些开支比预算的要少，是效果没达到，还是找到了少花钱的诀窍，可供下次参考。

3. 检查表

活动主负责人在活动阶段总感觉到自己随时随地都被需要，总会被各种工作打断，每次一被打断就忘了自己正在做的事儿，很有可能继续做时就会出错。这时候就需要做一张检查表格，把一些容易出错的选项列进去，比如活动嘉宾的姓名容易出错。把这些列为重点检查项目，自己检查完以后，可以让同事做二次检查，确保这些关键要素准确，确认一项就勾选一项。这样可以解放自己的大脑，就算随时被打断也不至于忘记重要事情。

以上活动策划的"四案三表"是所有线上线下营销活动都能通用的方案。很多营销活动不需要做得这么详细，只需要其中几个方案或者表格就可以推进整个项目，但是按照这里提供的"四案三表"去审视所有营销活动项目的时候，就会发现很多项目在自己的掌控之中，而不会出现失控的场面。

PART 2　营销案例

第3章 人靠衣装佛靠金装 理解包装营销

包装营销分广义和狭义两种。广义包装营销是指为了塑造某种形象而做出的一系列推广行为，既包括对外在的改变，又包括对内在的改变，还包括通过媒介渠道传播自己想要传播的内容。

狭义的包装营销是指只在产品的包装上下功夫，和消费者进行互动，从而达到营销和传播的目的，最终促进销售。这一章主要讲狭义的包装营销。

3.1 包装营销基础知识

没有人愿意透过你丑陋的外表去了解你美好的心灵。这是包装营销的重要意义。最初包装营销的大部分诉求是让整个产品看起来更加美观,从而达到溢价的目的。同样的产品,礼盒装和散装相比,外观更显高档,从而可以达到一倍的溢价,甚至更高。

随着互联网的发展,越来越多的品牌的包装营销已经不仅仅满足于美观。互联网把有趣、互动、年轻化这些元素注入包装营销,从而让包装营销有了很多好玩的新花样,吸引了更多的用户关注。

为什么越来越多的品牌把包装作为一个重要的营销阵地呢?

1. 包装是消费者接触产品的第一印象

包装对消费者是否具备吸引力是销售转化的关键点。消费者跟产品接触的第一印象来自包装,先入为主的印象有时候会决定一个消费者对整个品牌的认知。用户变得越来越挑剔,比如说颜控就喜欢包装美观的产品,古代就有典型的案例——买椟还珠。

2. 包装接触到的是最精准的消费群体

广告圈有句名言:"我知道我的广告费浪费了一半以上,但我不知道究竟浪费在哪里。"说的就是通过媒介渠道投放的广告内容,有一半以上的触达群体都是无效用户。这种情况又是无法避免的,因为媒介渠道的用户和企业品牌的消费群体的重合度不可能达到100%。包装则不一样了,最终买了这个产品的用户就是这个企业品牌的精准用户,包装广告可以促进用户第二次购买。

3. 很多品牌产品的出货量堪比媒体的发行量,包装对企业来说是免费的媒介载体

纸媒时代衡量广告触达用户数量的是媒体的发行量,随着自媒体的发展,

衡量广告触达用户的关键数据则是自媒体的"10万+"。现在自媒体的报价已经达到了一个阅读量一元钱的水准,有的自媒体价格更高。

2016年小米全年出货量是4150万台,相当于415篇"10万+"的文章,等同于一天创造1.13篇"10万+"文章的媒体。这只是受到直接影响的群体,还不算在销售渠道过程中被用户看到或者是买完手机的人影响到周边的人数。这是小米的数据,那么农夫山泉这类饮料类快消品的出货量就更大了。对企业来说,这是一个免费的并且影响力不输于大部分自媒体账号的媒介渠道。

4. 相比于付费的媒体版面,企业对包装营销更有自主权

媒介会对版面有诸多限制和要求,所以大部分时候只是将简单的平面广告在媒体上投放。包装则不一样,可以增强企业和消费者的互动,设计者完全可以在包装上玩出不同的花样。

图9 包装营销的优势

3.2 包装营销案例解析

对企业来说,包装营销不仅是一个影响力巨大的免费媒介,更是一个拥有较大自主发挥空间的媒体版面,所以很多品牌在包装营销上花心思。本节将通过8个常见的包装营销案例来谈谈品牌如何利用好这"免费的媒体版面"。

3.2.1 瓶装营销鼻祖:可口可乐昵称瓶

说起在包装上进行创意营销,可口可乐的市场地位是不可动摇的。例如,它在2013年夏日开启的昵称瓶营销战正式拉开了各大品牌在包装上营销的创意玩法。网上有数据显示,2013年昵称瓶营销战为可口可乐带来了额外的20%的销量。

先来简单介绍一下整个昵称瓶营销的始末。昵称瓶的创意灵感来自澳大利亚地区可口可乐"姓名瓶身"创意。中国广告公司把这个创意进行了衍生,采用了一些网络热门词汇:吃货、才女、神仙姐姐、月光族、纯爷们、宅男、天然呆、神对手、汪星人、喵星人……将网络热门词汇印在了可口可乐的瓶身上,希望和用户形成良好的互动。

可口可乐第一波宣传选择的阵地是当时还在鼎盛时期的微博,可口可乐为这一波不同的昵称做了形象海报,利用微博KOL(Key Opinion Leader,关键意见领袖,营销学的概念)的影响力,再加上这些昵称本来就是来源于网络上的热门词汇,用户的接受度很高,所以率先在微博引爆了昵称瓶。

在线下则引发了一阵"夏日挑选可乐热潮",很多人去超市买可口可乐时都会挑选更符合自己性格的昵称瓶,这让原本很简单的购买行为充满了小乐趣。这些昵称是网络上非常流行的词汇,也就是说,很多人的个人特性和属性都被概括在这些昵称中了。不管是宅男还是天然呆,很多在社交网络上活跃的用户,在线下可能是内向害羞的,但是他们会选择自己认可的昵称,通过可口可乐来向周围的人展示自己的独特个性。这对他们来说是一种小小的生活乐趣。而通过朋友赠送昵称也成了社交的一种方式。

可口可乐在这一场的营销战上,时间点的选择很精准,每年的 6 月到 8 月,是可口可乐消费的高峰期,也是学生放暑假,最需要有趣的事情来刺激的时间节点。2017 年推出了"密语瓶",提出"让夏天更有聊",一句话概括了可口可乐在整个瓶身营销的理念。

继昵称瓶之后,可口可乐又继续在 2014 年推出了歌词瓶;2015 年推出了台词瓶,把一些耳熟能详的台词印在了瓶身上;2016 年推出了表情符号瓶;2017 年推出了密语瓶,包括今天星期五、躺倒、握拳、碰杯、乖巧、小情绪、讲道理等词语;2018 年推出了为世界杯喝彩的 31 款手环瓶。个性化的花式玩法刺激了消费,可见可口可乐尝到了创意瓶身营销的甜头。

昵称瓶成功营销总结为三个阶段:

创意阶段:用户对第一次玩瓶身创意营销有新鲜感。在可口可乐之前,包装营销做得不少,但是很多营销仅限于把包装做得美观,以吸引消费者。把包装玩得这么有趣味性,能和用户产生这么强关联互动性的则没有,可口可乐可以说是第一家。用户自然对这种营销方式感到很新鲜。

内容阶段:用户对来自社交网络热门昵称的自我认同感强烈。可口可乐营销持续了整整一个夏天,3 个月的时间产出了 100 多张创意海报。每张海报都是对一个昵称的很形象的表达,比如对"神仙姐姐"这个昵称的文案注解是:我们早就认识你,只是你不认识我们而已;对"吃货"这个昵称的文案注解是:真正的吃货不会放过粽叶上的每个米粒。昵称瓶来自网络上的热门词汇,和消费者有很强的关联属性,再加上很有趣味性,自然就抓住了用户的眼球。

传播阶段:可口可乐把这次营销战的传播主阵地选择在 2013 年还处于鼎盛时期的微博。创意新颖,内容有趣,具有话题性,再加上微博本身的热度,昵称瓶很快就在微博引爆了。

附:可口可乐昵称瓶文案

女神:每个飞上云霄的女神背后都有一帮身怀绝技的技术男。

纯爷们:我们的童年都有一个最伟大的背影罩着我们。

有为青年:用三宝挺过这几天,你就是大有作为。加油!(应该是蹭高

考的热点）

月光族：真正的月光族就是约会的时候只买两瓶可乐，边喝边晒月光。
……

3.2.2 我有故事，你有酒吗：江小白表达瓶

江小白是 2012 年创立的白酒品牌，仅用了 5 年的时间，就在年轻人中间形成了一定知名度。很多人对江小白印象最深刻的莫过于它的扎心文案，江小白的文案每次都刷爆了我们的朋友圈。酒瓶就是江小白文案的最终媒介载体，凭借着酒瓶来帮助用户表达情绪，江小白在年轻人的白酒市场中占据了一席之地。

江小白凭借着包装营销一举打下自己的白酒江山，或多或少地受到可口可乐创意瓶身营销的启发。同样是饮用品，同样是瓶装，同样是在瓶身的包装上进行创意营销，但是可口可乐和江小白两个品牌对于创意营销的内容定位是有很大不同的。

喝可口可乐经常是在比较轻松愉快的场景，所以可口可乐瓶身上的营销内容更倾向于正能量、年轻、积极向上，更注重有趣、好玩、和用户互动的创意。江小白则不一样，喝酒的场景更具有情感诉求，所以江小白的营销内容更倾向于扎心、帮助用户表达情感，鼓励用户表达情感。

在中国的传统文化里，酒是一种群体之间的润滑剂，我们在很多场合需要用到这个润滑剂，比如离别、失恋、生意场、久别重逢……章燎原（三只松鼠创始人）认为：酒是一个非常好的社交产品，酒能让人打开心扉。世界上没有一瓶酒解决不了的难题，如果有，那就两瓶。所以有酒后吐真言的说法。这就决定了江小白瓶身营销的定位应该是帮助消费者表达情感，帮助羞于表达的用户进行表达，帮助语言表达能力差的人表达，帮助千言万语不知从何说起的人表达。江小白式的瓶身营销模式就出现了，把内心深处的无法表达的言语印在瓶身上。比如江小白有一句文案："手机里的人已坐在对面，你怎么还盯着手机看？"想象一下，有这样一个画面：一个男生约了暗恋很久的女生喝酒，但是在现场却不知所措，而将千言万语印在这瓶酒的包装上了。

再比如这句文案:"愿十年后我还给你倒酒,愿十年后我们还是老友。"这就是两个朋友的离别酒,可能是毕业,也可能是工作调动,两个好朋友要分别,虽然知道离别在所难免,但还是抱着美好的愿望,希望十年后还能坐在一起喝酒。

江小白展开的一系列瓶身营销活动就是抓住了帮助用户表达情感这一核心要素。江小白以酒后的情感诉求为核心,通过在酒瓶上撰写用户在不同喝酒场景下想要说的话,衍生出系列文案,帮助用户进行表达,最终和用户产生情感共鸣,从而"收割"用户。最终通过线上传播(主要渠道是媒体营销号的投放)和线下传播(主要渠道是酒瓶,通过酒瓶真正传达到消费者那里)来扩大知名度。

所有内容最终承载的载体是包装瓶,形式也是包装瓶。江小白出过两个版本的包装瓶,1.0版本的表达瓶主要是企业通过对用户的情感揣摩,由企业主笔撰写瓶身文案内容,帮助用户进行情感表达;后期为了加强用户的参与感,发挥UGC(User Generated Content,用户自定义内容)的力量,江小白的表达瓶推出了2.0版本,用户可以通过扫描酒瓶上的二维码,上传自己的照片,自动生成属于自己的酒瓶。如果用户创作的文案被江小白选中,就可以作为江小白正式产品,付诸批量生产并在全国同步上市。

形式只发生细微的变化,但是每一次输出的内容都是不一样的,帮助用户表达的情感也是不一样的。江小白会根据节假日、热点话题、年轻人的喜好输出不同的情感内容,以满足用户的不同情感诉求。

总结江小白的情感内容的输出,主要是以下三个方向。

1. 固定热门节假日的内容

比如:2018年春节期间,文案谈的是成长和漂泊,主题是"把时间留给珍贵的人"。

2018年妇女节,输出主题为"性别互换"的系列海报,谈的是女性的独立。方案有"挑选口红色号表达心情,只因你敢于掌控自己的节奏""单身或脱单,你来把控节奏,只因你不想被年龄定义人生"……

情人节的文案更多倾向于情感表白:"你在我心里住了好些年,现在可不可以搬到我的身边""我想找个人一起分享第二杯半价的味道"……

2. 不同喝酒场景下的内容输出

江小白出过一期内容，叫作"酒桌是一个江湖"，把喝酒文化用七个字表达：敬、劝、罚、陪、干、奢、聚，并且对这七个字进行解释，最终表达了中国的酒桌文化。还有一些在喝酒期间发生的场景，曾出过一期内容："你在酒桌上聊的内容，江小白怎么全知道"，说的是不同喝酒场景在酒桌上发生的故事。比如说"老同学，您辛苦了！"这些年酒桌上吹过的牛全仰仗"我有一个同学"。很多喝酒的场景，江小白就通过这样的形式表现出来了。

3. 为迎合年轻人而设计的系列内容

江小白出过同道大叔系列、十二星座系列、见字如面系列、YOLO嘻哈系列、动漫表达瓶系列、我是江小白系列。这些内容的创作元素都取材于年轻人的生活场景，会运用很多年轻人喜欢的元素来进行内容的创作。

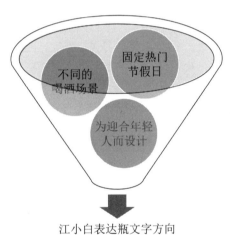

江小白表达瓶文字方向

图 10　江小白表达瓶

总结起来，江小白的营销分成三个阶段：

创意阶段：采用一种固定形式，通过酒瓶帮助消费者表达情感。

内容阶段：通过节假日、年轻人喜欢的话题等形式来丰富主题，以文案为内容的核心要点，以系列海报为主要呈现方式。

传播阶段：主要有两种传播渠道——线上买媒体版面和线下免费赠送酒瓶进行传播。很多人只看到了内容创造阶段的重要性，其实传播阶段同样重要。很多人知道江小白的文案扎心，并不是因为在线下渠道看到了江小白的产品，而是因为网络媒体的传播,夸赞江小白的文案扎心,从而对这个品牌有了认知,在线下看到的时候才会关注它。

江小白的营销很适合初创阶段的企业学习。初期阶段的企业,都会面临营销费用少、人力有限、渠道困难等问题,所以想要做好全面营销反而不能有出彩的地方,倒不如集中精力打一点,把某一种形式做成自己的标签。包装上的营销是最能精准触达用户的"免费媒体版面",输出内容不断变化(内容输出属于轻资产,考验的是人员的创意能力),最终打造自己的固定形象。当然企业发展到了一定阶段,需要对这种模式进行突破,现在就有网友反馈:江小白的文案,一开始看着觉得扎心、很惊艳,但是看多了也就无感了。

附江小白部分文案语录:

"我把所有人都喝趴下,就为和你说句悄悄话。"

"我们总是老得太快,却聪明得太晚。"

"大道理人人都懂,小情绪难以自控。"

"我们最先衰老的,从来不是容颜,而是那一份不顾一切的闯劲!。"

"最想说的话在眼睛里、草稿箱里、梦里和酒里。"

"陪你去走最远的路,是我最深的套路。"

"再好的过去,回忆的次数多了,味道也就淡了。"

"走过一些弯路,也好过原地踏步。"

"约了有多久?我在等你主动,你在等我有空。"

......

3.2.3　只为独一无二的你:Nutella 创意包装瓶

可口可乐的趣味瓶、江小白的情感表达瓶,在营销上都和自己产品的特性有很强的关联性。这些包装创意能够成功引爆的关键要素也是和消费者产生了较好的互动。瓶身上的玩法不仅限于互动趣味,还要从产品独一无二的属性角度来做瓶身营销。

例如,意大利奥美设计团队为 Nutella(巧克力酱)做的创意瓶身包装营销。

要设计出每个巧克力酱的瓶身都是独一无二的包装，大部分设计师听到这个方案的时候肯定会哭晕在厕所。不过请不要着急，几百万种的包装不需要设计师亲自动手来创作，而是借助计算机来完成这一系列的设计。创意人员利用计算机算法组合十种图案和颜色，创造出风格统一，每个瓶却又独一无二的Nutella酱的瓶身包装。

独一无二这个属性抓住了人性中一个很重要的诉求——占有欲。生活中，很多人都在追求独一无二，所以独家、定制、限量这些产品特性是很容易吸引消费者的。在很多消费场景下独一无二往往代表着一种身份，因为要制作独一无二的产品，生产成本会增加，所以独一无二这种属性更多地用在比较贵重的产品上。奥美为Nutella巧克力酱做的独一无二的瓶则是打破了独家就是昂贵的定律，通过计算机算法实现瓶身的千变万化，从成本来看，不需要设计师一款一款地设计瓶身包装；对消费者而言，在不溢价的基础上就能买到一个瓶身包装独一无二的巧克力酱。

这是一个国外的创意包装案例，暂时没有传播方面的反馈，但是根据奥美官方发布的文章来看，700万瓶巧克力酱在一个月之内被消费者一扫而空，很多瓶身还被消费者收藏了起来。

总结：这个案例在创意阶段提炼了一个核心的概念——独一无二的属性，这和前面的两个案例有相似之处。在内容创作阶段，前面的案例都是通过文案和设计人员来实现创意的内容输出，所以工作量上就会存在一种饱和，但这个案例是通过计算机算法来实现内容产出的，这着实解放了设计师，而且能够实现独一无二这个属性。现在AI（Artificial Intelligence，人工智能）已经成了一个热门行业，未来会有越来越多的工作被AI来取代，有人预估，AI可以取代编辑来完成新闻稿件的撰写。所以可以预见的是，在内容创意阶段，不管是文案还是设计，都可以部分交给AI来实现天马行空的想法。

3.2.4　分秒必争要的就是新鲜：鲜榨柳橙汁时间瓶

当你买到一瓶果汁的时候，它的瓶身上面写着8：54、9：35、9：45、15：32……这是法国连锁超市Intermarché的鲜榨柳橙汁品牌做的时间瓶身创意营销，每个瓶身上的不同时间是这瓶果汁正式被生产出来的时间。这家超市在调研过程中发现消费者对于果汁最大的诉求是新鲜，意识到罐装柳橙汁的竞争对手是那些鲜榨果汁铺。为了赢得这部分消费者，连锁超市开辟了鲜榨柳橙汁这样一个品类。为了表明这类产品的新鲜度，就以它的生产时间来为这个产品命名。

消费者喝酒的时候想要表达情感，喝可乐的时候想到的是高兴的场景，那么消费者对于果汁的主要诉求则是新鲜和健康。很多果汁品牌都会在瓶身上设计新鲜、健康、100%纯果汁等文案，消费者对于这些文案已经形成了一个习惯性认知，可以说是毫无辨识度。所以，这个连锁超市采用把果汁生产时间精准到每分每秒的方式向消费者传达自己的产品有多么新鲜。网上报道，这一系列创意营销在短短3小时内就为其赢得了5000万次的媒体曝光。

总结： 时间瓶的创意与可口可乐以及江小白的瓶身营销相比，在内容制作方面要简单和容易得多。当这个创意被执行出来的时候，用户就会大呼："原来如此简单，我怎么没有想到呢？"尤其是这个瓶身的名字，命名为时间的数字，根本不需要创意策划人员有多么好的内容撰写能力。但是成功的关键就在于策划人员对于自身产品和消费者的洞察能力。第一步，也是最重要的一步，是在策划阶段洞察到消费者对于果汁最大的诉求是新鲜和健康。第二步，策划创意人员要想的是怎么去表现新鲜，不仅要让消费者容易接受，也要让消费者便于理解，还要和其他同类产品关于新鲜的营销手段不一样。为瓶身设置时间这样一个创意想必是从很多方案中脱颖而出的。

3.2.5　让音乐释放在4亿瓶身中：网易云音乐携手农夫山泉

前面的案例都是品牌自己玩，塑造自己的形象，这一小节要讲的是品牌和品牌之间跨界合作的瓶身营销案例。这个合作案例来自很会玩的网易云音乐和国内瓶装水的翘楚——农夫山泉。这是一场我有瓶身渠道，你有趣味故事，那么我们就一起来一次有趣的瓶身营销吧。

2017年8月网易云音乐和农夫山泉联合推出限量版"乐瓶"。网易云音乐精选 30 条用户乐评，印制在 4 亿瓶农夫山泉饮用天然水瓶身上，让每一瓶水都自带音乐和故事。

这款"乐瓶"不仅在设计上充满了音乐的元素，还可以让用户扫描瓶身二维码直接听音乐。为了进一步提高用户体验的趣味性，还可以让用户通过网易音乐 APP 扫描瓶身的唱片图案，体验定制化 AR（Augmented Reality，增强现实）。扫描完成后，将会让用户置身于沉浸式星空，点击星球会弹出随机乐评，可以拍照、同框合影，并即时分享到社交平台。

那么，为什么网易云音乐和农夫山泉携手合作？

1. 从网易云音乐的角度分析

从网易云音乐的角度来说，网易云音乐是一个线上的 APP 产品，再加上整个网易更擅长的是互联网。网易云音乐已经尝试了很多线上的营销，所以它开始尝试吸引线下的用户资源，例如，承包杭州地铁，放出扎心的网友评论文案就是网易云音乐的一个线下的尝试。通过这一波营销，网易云音乐在线上二次传播的时候得到了大面积的曝光。然而，毕竟只投放杭州地铁一号线所能影响的人群有限。

（1）农夫山泉线下接触用户渠道的量级，是网易云音乐所需要的。

据报道，本次双方合作的瓶数是 4 亿瓶，也就是说，通过农夫山泉的瓶身渠道，网易云音乐的 APP 可以接触到 4 亿人次的群体，这个量级比国内任何一家媒体的发行量都要大，"10 万+"是很多自媒体人所渴求的，所以可想而知，4 亿人次的量级对于网易云音乐 APP 来说是巨大的。

（2）农夫山泉的客群相对比较年轻。

网易云音乐的目标客群就是年轻人，所以两个品牌目标客群的重合度很高。

（3）和用户的交互效果更好。

通过扫描瓶身二维码，用户可以直接听音乐。用网易云音乐的 APP 还能定制个性化海报。对于年轻用户来说，相比单纯的广告，这种方式的互动性更强。用户只要在喝水的瞬间，拿起瓶子扫一扫，就可以畅听一段美妙的音乐。

（4）品牌知名度和美誉度相当。

品牌之间的合作，每个品牌都不愿意屈就，所以网易云音乐断然不会去找一个不知名的饮用水的品牌合作。

2. 从农夫山泉的角度分析

从农夫山泉的角度来说,也急需网易云音乐这一波的合作。相比于网易来说,农夫山泉是一个比较传统的线下品牌,消费者对于农夫山泉的认知还停留在"农夫山泉有点甜"这样比较传统的广告营销中。最近几年,互联网营销创新案例此起彼伏,互联网玩法一个比一个花样多。再加上可口可乐开创了瓶身营销创意玩法的先河,大大小小的品牌在瓶身上下足了功夫。在这种情况下,要对瓶身营销成了农夫山泉的一个营销趋势。与其自己来做,还不如搭载网易这个互联网营销的骨灰级玩家一起玩。

(1)网易系产品成熟的互联网营销玩法是农夫山泉所需要的。

农夫山泉凭借着"农夫山泉有点甜"这句广告语,通过电视、报纸等传统渠道的不断投放而使得农夫山泉深入人心。但是要论互联网创意营销的玩法,出自农夫山泉的还真没有。所以搭借这个时不时就能在互联网、朋友圈刷屏的网易系产品,对于农夫山泉向互联网化转型有很大的帮助。

(2)云音乐的玩法互动性也比较强。

给用户良好的互动体验,不仅网易云音乐需要,农夫山泉也需要。很多单独玩瓶身营销的品牌都比较单调,大多数都是单方面内容输出。所以农夫山泉借助网易云音乐这种年轻人比较喜欢的方式去和用户互动,就会大大增强互动性。这对农夫山泉来说,相当于借了网易云音乐的东风。

(3)和网易选择农夫山泉的原因是一样的,两大优势品牌资源互补,实现强强合作。

两个品牌的知名度和美誉度在用户心目中相当,谁都不会拉低谁的档次。一起做品牌跨界合作可以说是强强联合,而不是一方攀附另一方。

品牌的跨界合作最大的好处就是资源互补,强强联合,最终实现"1+1>2"的效果。单从推广预算而言,这个营销案例,如果只有一方品牌来做,那么营销推广费用的预算只有500万元,但是如果是双方一起合作,双方都有500万元的预算,那么这个营销案例推广的预算就达到了1000万元,1000万元在媒介渠道引起的量变不仅仅是2倍的影响力,很有可能达到4倍、8倍甚至更多。更不用说,双方其他资源(技术、设计资源、人力资源)的互补了。还有很多品牌跨界合作的案例,比如优衣库与迪士尼的合作,H&M和其他国际知名品牌的合作，都是为了实现双方资源的强强联合。

然而，跨界合作也有很多问题，本来是完全可以由品牌单方面决策每个项目的推进，现在每一个决策都需要双方协调达成一致，这时候沟通成本增加的很有可能是 2 倍或者 4 倍。在这个过程中，双方还有利益的博弈，都对各自的品牌有私心，想要实现自己品牌价值的最大化，弄不好会产生品牌之间互相撕扯，互相推卸责任，最终造成两败俱伤，明明付出了时间、精力、金钱，却换来了可悲的结局。

总结：从趋势来看，越来越多的品牌热衷于跨界合作，所以大多数时候品牌的跨界合作是利大于弊的。这时候，要完成一个良好的跨界合作案例，最主要的是前期对合作品牌的评估。评估要素主要有以下几个：品牌体量、品牌知名度和美誉度、品牌本次合作项目预算、本次项目合作的拍板人。如果各方面的契合度都比较高，就是一个好的合作对象。当然，每个具体案例还要具体分析，这里只是通过分析已有的案例给出一些参考和建议。

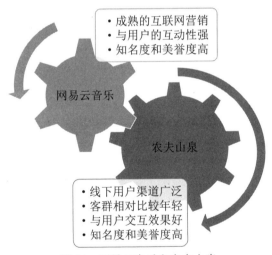

图 11　网易云音乐和农夫山泉

3.2.6　高手在民间：星巴克 UGC 创作杯

现在网络上很多有创意的文字、图画、视频等内容都来自网友的自发创作，正所谓"高手在民间"。还有很多品牌营销把网友的评论作为一种广告内容输出。对于网友自发创作的内容有一个专用的名称——UGC。前面的包装营销案例都是品牌帮助用户做好了内容，而星巴克这个营销案例则是品牌鼓励用户自发创作，从而和品牌形成互动。

我的朋友在星巴克的杯子上画了一个手绘图，她画这个纯粹出于自己的兴趣和爱好，随手在杯子上涂鸦。在网络上很多网友自发创作了类似的星巴克绘画杯身。一开始，我以为这些图片来自网络上三三两两的绘画爱好者。后来找资料的时候发现，2014年，星巴克做过一个 White Cup Contest 营销活动，邀请热爱涂鸦的消费者在星巴克的纸杯上随意绘画。

这个活动触发的契机是星巴克为环保推出了一款可反复利用的白色纸杯，但因为是顾客自带的杯子，不好区分，所以鼓励用户在杯身上进行创作。这个活动的最初灵感来源于一个网友的提议和一系列神级手绘师做的星巴克手绘作品。整个活动的时间是2014年4月22日至5月12日，星巴克精选了300多幅作品在 Pinterest 网站上展示。这次营销活动让星巴克收获的不仅仅是这4000多幅作品，而是后续星巴克竟然让这种手绘形式成了用户的一种习惯。虽然没有了奖金的激励，很多用户却愿意在星巴克的杯身上涂涂画画。

为什么在杯身上画画成了星巴克的一种识别度很高的标志性文化呢？

1. 星巴克的用户更具有小资情怀

虽然说星巴克的消费者不都是会画画的，但是相对于快消品（农夫山泉、江小白、可口可乐等）的用户来说，星巴克的用户明显更具有文艺方面的才情。一般来说，喝咖啡的艺术家居多，喝酒的则是大老爷们居多。再加上星巴克是很大一批自由职业者的办公场所，很多成名的作家和画家都会说自己某部作品的创作是在咖啡馆完成的。星巴克这个绘画的活动正好激发了这一大批人群的创作欲望，在工作的闲暇之余，随手画上几笔也是一种乐趣。久而久之，这就成了星巴克杯身文化而被传了下来。

2. 星巴克杯身更适合创作

星巴克杯身是纸制的，任何笔都可以在上面涂写，而且杯身有很大的留白。再加上星巴克店员就有写名字区分顾客的习惯，有些星巴克门店的店员在空闲的时候还会在杯身上画几笔简笔画。其他大部分饮品店是靠打印出来的不干胶贴在杯身上来区分饮品的。所以，在星巴克这种本身就倡导手写的文化氛围下，用户自发在杯身上创作的欲望就更强烈了。

3. 星巴克 White Cup Contest 营销活动的助推

既然星巴克的用户有这么多高质量的小资用户，而用户自身又有创作的欲望，那么星巴克何必再从品牌角度出发做一次类似的营销活动呢？如果说以前用户只是三三两两自发地创作，而品牌营销活动助推以后就会变成一个事件。无可争议的是，星巴克这次助推活动是成功的，不仅把系列绘画活动变成一个完整的营销事件，还使得杯身绘画成了一种星巴克文化。如果没有品牌助推，星巴克杯身绘画只是小众的一些爱好，而品牌助推以后就代表品牌发声，星巴克鼓励用户在杯身上绘画，进而使得绘画从小众变成了更多兴趣爱好者的参与。

总结：鼓励用户产出 UGC 进而参与到品牌营销中来，日益成为一种营销的新形势。现在鼓励用户产出 UGC 的品牌不在少数，但是像星巴克这样使用户产出高质量 UGC 的品牌并不多见。绘画本身对于 UGC 的用户来说是一个参与难度较大的事情，所以很多品牌就会鼓励用户产出文案，文案的创作门槛就会低很多，很多地铁广告也把原来的精美图案型转变为大字报文案型宣传画。

图 12　星巴克 UGC 创作杯

3.2.7 在矿泉水瓶身上看新闻：日本媒体版面矿泉水瓶

在本章的开头就提到了，如果按照出货量来说，快消产品的销量会比大部分媒体的发行量大得多。所以，如果把快消品包装作为一个媒体版面来经营的话，将会有一个相当可观的曝光量。

2014年，日本的纸媒《每日新闻》发现，买报纸的年轻人越来越少，但是买矿泉水的人却越来越多。所以它就把新闻印在矿泉水瓶身上，并且使得矿泉水由原来的6元降低为3元，但是新闻是实时更新的，而瓶身却不能实时更新，所以《每日新闻》就在瓶身上印上二维码，用户可以通过扫码阅读最新的新闻。本次营销对矿泉水品牌来说，有三个意外的收获：一是产品价格变为5折（因为媒体瓶身即版面，只要是版面就会有媒介费用，直接把这部分媒介费用让利于消费者），促使销量提升，一天一家超市就卖出3000瓶；二是报纸版面的瓶身设计独具一格，使得产品本身在货架上具有很高的识别度；三是瓶身包装具有了功能性，为用户提供有价值的新闻。

总结：新媒体时代，媒体争夺的是用户的碎片化时间。虽然买报纸的年轻人越来越少，但是买快消品的年轻人却越来越多，而用户在使用快消品的过程中，总是会有碎片化的时间，可能是通勤的时间，也可能是休息的时间。《每日新闻》把自己的资讯印在这些产品的瓶身上，便于用户利用碎片化时间来进行资讯的获取。这是一次由媒体找到快消品合作的包装营销案例。

3.2.8 喝着牛奶读故事：Arla故事型瓶身

Arla这个品牌中国消费者可能并不熟知，它是丹麦皇家御用牛奶品牌，在营销创意上的玩法也毫不逊色。这一小节只选取它在包装营销上的创意玩法案例。前面的很多品牌重在内容输出上，都是用一句金句或者搞笑型文案来和消费者互动，而Arla却把包装当成一个媒体版面来认真输出内容。

Arla在牛奶包装上印上儿童食谱、短篇小说等实用性内容，这是一个与消费者沟通的重要渠道。这个内容经过几年的积累已经被重新整合成了食谱网站和食谱书，可想而知，Arla在包装的内容输出上花费的心血和精力。

3.2.9 买椟还珠才是极致：礼品型包装

古代就有买椟还珠的案例，还有"佛靠金装，人靠衣装"的说法，这一切都说明包装使得外界对于产品的认知产生重大的变化。一些一线大牌的化妆品、巧克力、首饰等适用的消费场景往往是送礼。试想一下，一个好几万元的钻戒却放在一个几元钱廉价的塑料盒里，是不是会让人怀疑这个钻戒是假的？当然还有其他贵重物品，很多人都有送礼的诉求，所以一般一线品牌的包装都很精美。钻戒必定包装在一个精美的礼盒里。再如，同样两个产品在材质款式上没有任何区别，如果放在两个不同的包装盒，就能卖出不同的价格。

1. 满足特定节假日送礼的需求

大家都希望自己送的礼物得到对方的认可，既然花钱买了礼物，当然希望礼物能有一个精美的包装，给收礼方一个惊喜。比如情人之间需要互相送礼物，父亲节、母亲节需要送礼物。过年过节也需要送礼物。还有一些纪念日、生日、聚会等特殊的时间点也需要送礼物。不同的场合有不同的需求，不同的产品也会有不同的送礼需求。例如买衣服，如果是买来自己穿的，就不需要包装，但如果是一件送给母亲的礼物，就要对这件衣服进行礼盒包装，使之成为一份送得出手的礼物。情人之间送礼物的诉求点是有纪念价值，所以一些富有纪念意义的款式，尤其是象征爱情的、忠诚的礼盒包装会更被情侣中意。说到底，不管是定制的还是购买的礼盒包装，都能一定程度上满足送礼的需求。

2. 赋予产品新的价值

吴晓波把一瓶 500ml 的杨梅酒卖到了 199 元，并且第一次上线 33 小时卖出了 5000 套，2015 年 10 月又做了一款新年贺岁酒的 72 小时预购，因为不限量，结果卖出了 3.3 万瓶。而市场上正常的杨梅酒的售价是多少呢？搜了一下淘宝，2.5kg（吴酒容量的 10 倍左右）的杨梅酒大概在 50～100 元。抛开吴晓波本人的影响力，吴酒卖得好的另一个原因是找到了送礼群体的需求。市场上杨梅酒的包装都很粗糙，而吴酒的包装则很精致，并且会在特殊节假日推出礼盒装，比如新春贺岁酒，买这个酒的人一般不是自己去喝，而是买来送人的。所以，这就是礼盒装赋予了产品全新的价值，不比数量，不比质量，比的就是包装。

3. 为生活营造仪式感

一些大品牌经常会推出纪念款，它们一推出纪念款，就预示着节日又到了。就是这些礼品型的包装，让我们感受到生活的美好，这就是包装赋予了生活仪式感。纪梵希推出过一组小羊皮唇膏和四宫格散粉的新年限定款，红金的配色很具有中国传统的高贵感，浓浓的中国风迎面而来。无论做不做这个中国春节限定款，纪梵希的四宫格散粉都是畅销款，但是这些大品牌就是要不断推陈出新，做出很多具有纪念意义的款式，使其成为送给朋友恋人的礼物，从而让生活更具仪式感。

礼品型包装营销值得很多品牌研究，可以在产品生产阶段就确定一批特殊的礼品型包装，也可以在产品售卖阶段额外增加产品的礼品包装。因为送礼有一个很大的需求，这种营销模式也相对简单，创意要求不高，但是一定要心思细腻，能够察觉到顾客送礼的需求。礼品包装从销售层面来看，不会起到立竿见影的效果，但是对于提升用户的体验却有很大的作用。

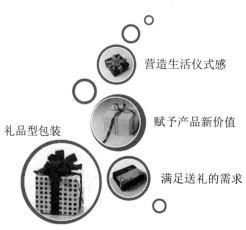

图 13　礼品型包装的特点

第4章 产品是公司最好的代言人 理解产品营销

产品是一个企业赖以生存的根本，没有产品，后续一切的营销、销售、服务都将归为零。再牛的营销，再好的服务也拯救不了一款差的产品。不同企业的产品定位是不一样的，有实体的产品，有虚拟的产品，也有服务类的产品。零售企业为消费者提供日常所需的产品，广告创意公司为客户提供创意服务，APP为用户提供平台服务，餐厅为用户提供美食，移动公司为用户提供通信业务，美容美发店为顾客提供美容美发服务……以上形态各异的事物都统称为产品。对企业来说，最重要的是把这些产品卖给消费者。所以就需要根据产品的不同形式、不同的目标客群以及不同的销售渠道来制定不同的营销策略。本章会通过不同的案例来谈谈产品的营销模式。

4.1 产品营销基础知识

做好产品营销的前提是收集足够多的素材，首先要对自己产品的定位、卖点、价格、优势、目标群体、目标群体的特点有很清晰的认知，同时要关注竞争对手和行业的动态，所谓知己知彼才能百战百胜。只有在对自己的产品和竞品有清晰认知的基础上，才能制定出对消费者有吸引力的营销方案。

产品营销是所有营销里最核心的，所有的营销归根结底都是为了销售产品而服务的。只是有些营销更侧重于提升品牌知名度。这一章节所要谈的产品营销是"最功利"的，是为了销售产品而推出的一系列营销活动。

好的产品是一家企业的立足之本，只有好的产品才能为企业源源不断地创造利润。但是好酒也怕巷子深，好的产品也需要赚吆喝，通过营销的方式把自己推销出去。

1. 产品差异化营销可以弥补产品研发端的不足

随着消费进入买方市场，产品过剩，消费者的选择越来越多样化，想要吸引消费者的注意，就得有差异化的产品。如果能从产品开发阶段就做出差异化的产品，那么企业就要大力宣传差异化的卖点。但是随着市场竞争白热化，越来越多的产品制造出来的时候呈现区域同质化。产品营销则可以在同质化的产品中包装出差异化的产品。以褚橙为例，在云南种橙子的人那么多，但是为什么就褚橙特别"甜"呢？虽然不一定褚橙甜于其他云南的橙子，但是因为营销团队对褚橙做了差异化营销，赋予了褚橙励志的故事，使橙子变得与众不同，褚橙也就变得更甜了，我们把这种甜称为"励志甜"。

2. 产品的核心卖点需要经过大肆包装才能被消费者接纳

每一个产品都有其独特的卖点，但是每一个产品的卖点如果不进行包装和放大,在消费者看来这个产品就是没有卖点。最开始的啤酒广告,每个啤酒品牌的广告都在说自己的啤酒多么纯,但是有一个广告方案是直接把啤酒蒸馏、过滤的制作过程在媒介中刊登出来,这一次的营销让消费者把"纯"和这个啤酒品牌联系起来了,通过这种创新的模式来包装产品"纯"的卖点,消费者就会买单,觉得这个产品的纯度要好于其他产品。真实的情况是,这个制作过程是每个企业生产的常规程序,但是通过产品营销,放大了这个卖点,引起了消费者的关注。优衣库的 Heattech 的卖点营销,也是这个道理。

好的产品配合适度的营销,就会产生巨大的能量,这样好的产品才能被消费者认知,本章将会具体通过六个产品营销案例从不同的维度来谈谈产品营销的具体形式。

4.2 产品营销案例解析

不同的产品有不同的营销策略,不同的营销策略会带来不同的营销效果。有些产品营销就是纯粹为了销售产品而做的营销,比如优衣库对产品卖点的大肆宣传、褚橙讲故事的营销。而有些产品营销则是为了流量,并不是为了卖这个产品,而是通过卖这个产品来带动其他产品的销售,从而实现赚钱的目的,比如外婆家 3 元的麻婆豆腐。

4.2.1　爆品不赚钱交个朋友:外婆家 3 元的麻婆豆腐

"宜家 39 元的茶几""宜家 1 元的冰淇淋""外婆家 3 元的麻婆豆腐""9.9 包邮"……我们对于这些产品耳熟能详,只要一说出这些产品,我周围的人几乎都知道。正如我自己每次搬到一个新的地方,都恨不得买一个宜家 39 元的茶几,实在是因为性价比很高,又方便实用。这些产品因为较高的性价比和较强的实用性,不断地为企业吸引客流。每一个企业都想打造那么几个知名的爆款产品来吸引客流,有些特别成功,就被大众消费者口耳相传,有些没那么成功，但是却能持续为企业带来流量，这些产品就是企业要特别关注的。当然也有些是不成功的，付出了金钱，赔了本做爆款单品，却没有带来流量。

这节要分析的爆品营销是企业打造的一款知名产品，这款产品可能不会为企业创造较高的利润，但是却可以为企业带来知名度和流量，带来好的用户体验，带来好的用户口碑，这就是爆款产品营销的价值。比如宜家在各个国家和地区都会卖1元冰淇淋，如果列一份宜家最畅销的榜单，估计1元冰淇淋卖得是最多的，仅2015年，宜家中国就售出1200万支甜筒。1元钱的甜筒看似赔本，却为宜家带来了极佳的"终极"体验，成为人们记住宜家的一个标记。当人们回忆起宜家的购物之旅时，会觉得整体行程都非常棒。

再以外婆家的麻婆豆腐为例来谈谈如何通过打造爆品来吸引客流。说起外婆家，大家都知道它的知名菜品就是3元的麻婆豆腐。外婆家3元的麻婆豆腐自从外婆家开业以来就没有涨过价，它现在更是外婆家一个性价比高的标志性菜品，全国所有外婆家的门店采取同样的价格。相信很长一段时间内不管外婆家其他菜品怎么涨价，这道菜绝对不会涨价，除非营销部的人想以外婆家麻婆豆腐涨价做营销话题。

3元的麻婆豆腐有哪些营销作用呢？

1. 麻婆豆腐是外婆家的比价商品

它就是用来让顾客比较价格的，要让顾客感觉到外婆家的东西很便宜。自己跑去菜场买齐烧麻婆豆腐的材料都不只3元，而在外婆家3元钱却能在装修还不错的餐厅点一盘麻婆豆腐，并且享受到服务员的服务，这对顾客来说，心理体验是很好的，他们感觉自己赚了，感觉外婆家物超所值。

2. 通过麻婆豆腐，外婆家树立了自己物美价廉的形象

超市经常拿鸡蛋和大米做促销活动来吸引客流，因为大部分用户对于鸡蛋、大米的价格敏感度很高，鸡蛋、大米价格便宜了，他们默认为这家超市的东西很便宜，他们就会向自己周围的人传播这件事情。外婆家的麻婆豆腐起着这个作用，外婆家主打的卖点就是物美价廉，极具性价比。但是除了麻婆豆腐之外，其他菜品到底卖多少钱，我们是没有一个很清晰的认知的。我

们只是通过麻婆豆腐认知到了外婆家很具有性价比,然后就去消费,发现整体的消费是不高,所以就建立了外婆家是一家物美价廉的餐厅的认知。其实这个认识是由麻婆豆腐带动的。

3.3元的麻婆豆腐是个引流利器

3元的麻婆豆腐能赚钱吗?应该不能,但是我相信很多人为了3元的麻婆豆腐去了外婆家,却绝不会仅仅只点一个麻婆豆腐,多多少少地会消费其他菜品,自然而然带动了销售。麻婆豆腐这道菜,即使有点小亏本,也会从其他菜里弥补回来。麻婆豆腐最重要的功能是为门店带来流量。这个原理和电商9.9包邮的原理很像,很多商家推出一款产品,以一个非常低的价格销售,还包邮,怎么看都是亏本的,但是商家卖得不亦乐乎。这就是爆品带来流量的原理。在淘宝营销里,爆品带来流量比实体店更有说服力,当商家把一个产品做成爆款以后,搜索排名就会靠前,顾客通过搜索这个产品进入店内,大部分顾客会顺带买其他产品,最终提高店铺的整个流量和销售。这个原理和麻婆豆腐是一样的,只是在电商平台,爆品带来的流量效果更明显,所以商家打造爆品的驱动力也会更强。

外婆家的爆品营销对其他商家有哪些启示呢?

大多数品牌并不能打造出一款类似于宜家1元的冰淇淋或外婆家3元的麻婆豆腐这种知名度超级高的爆品。然而对于大部分商家来说,学习这个思路,做好自己企业内的爆品却是没有问题的,这些爆品一样能为企业带来流量。

以一家我经常去的日式料理店为例来谈谈这个爆品营销策略的运用。我经常去这家门店,产品口感还不错但是客流并不理想。它周边有很多的高档写字楼,这些上班的白领是它的目标客群。所以我向这家门店建议,在午餐时间推出一款超级具有性价比的爆款产品作为工作日套餐,然后再通过大量优惠券和传单的方式或者朋友圈营销的方式,把这个超级爆款产品推广到这群白领中间去,让他们完成第一次到店消费的行为,也就是增长理论里的拉新。这个爆品的作用就是吸引新客户到店消费,并且促发新客户自发去自己的圈子里传播:×××有一家日料店,工作日×××套餐只要×××元,特别划算,我们明天一起去吧。通过超级具有性价比的一款爆款产品达到拉新和传播的目的。随着客流的增多,商家可以自行决定是否还需要继续使用这个爆品。

说一说选爆品的原则——"高频低价"。这必须是一个需要反复消费的产品,而不是一年也消费不了一次,那就无从谈流量了。另外就是要做到底价,底价的概念就是要远远低于消费者对于这个产品认知的价格,比如一盘3元的麻婆豆腐。必须挑出消费者需要反复使用且商家能以近乎成本的价钱销售的产品,虽然这个单品看似不赚钱甚至还赔本,但是在其反复消费的过程中,为商家带来了流量,带动了其他产品的销售,进而赚取利润,这就是爆品营销的价值。

爆品营销的逻辑是——爆品带来流量,流量带来生意,生意带来利润。

图14　3元麻婆豆腐的爆品营销

4.2.2　不明觉厉的"黑科技":优衣库的Heattech技术

如果不对产品进行营销,那么所有的产品都会变得平庸,它们就如泥牛入海,消失在一众产品中。如果对产品的卖点进行营销,那么对很多消费者来说都会产生一种不明觉厉的感觉,尤其是在产品上运用新技术、新材料的时候,消费者就会有一种虽然我不太明白这个功能到底厉害在哪里,但是感觉这个功能很厉害的想法。因为人类好奇心使然,对这些产品卖点进行包装就能吸引消费者的注意力,做出自己产品的差异化。这一小节以优衣库的Heattech技术为例来谈谈如何塑造不明觉厉的产品卖点营销。

优衣库的创办人柳井正曾对媒体表示"优衣库不是一家时尚公司,而是一家技术公司",所以优衣库在衣服面料上的创新是很多企业望尘莫及的。比如优衣库曾经推出的摇粒绒、Ultra Light Down(轻薄型)羽绒服、Heattech保暖内衣,都成为服装行业重要的创新面料。这些原本普通的产品经过优衣库产品营销以后,一个个都变成了高级的产品面料。

秋冬时候如果逛优衣库线上或线下门店,就会发现整个门店都在宣传Heattech技术。现在只要是优衣库的消费者,对于Heattech技术已经有一个很深刻的认知了,这个技术最重要的功能就是发热。优衣库通过产品营销的方式,让消费者对这个功能产生不明觉厉的认知。

单独把Heattech这个单词拎出来,很多人可能并不认识,也不知这是一个产品的面料。但是如果把这个单词放在优衣库门店,用户自然就把它与优衣库新型的发热面料联系起来。这是优衣库自己创造的一个词,优衣库硬是把一个大家完全陌生的单词,在生活场景中也没有出现过的单词,打造成优衣库一款又一款的爆款产品的重要面料,可见优衣库对于产品面料营销能力之强大。

先来看看Heattech是什么面料,2003年优衣库与日本纤维厂商东丽合作推出的Heattech,使用"纤维吸湿发热"的原理,通过保存人体蒸发的水分进行保暖。优衣库推出之初的年销售目标为150万件,之后10年的时间内销量达到3亿件,这个面料的系列产品成了优衣库秋冬季服装销售的主要产品。2017年新版Heattech发布会上,宣布年内Heattech销量有望突破10亿件。这款产品真正风靡中国的时间是在2015年前后。

为什么这款看着单词都很陌生的面料的产品成了秋冬保暖产品的超级爆款?以下我们就来谈谈优衣库对Heattech这个面料的营销方式。

1. 概念上的炒作

优衣库特意选了一个看起来很有技术含量的单词Heattech来命名这个发热功能。既然这样,就要在产品上宣传发热功能,为什么要选择一个这么难读拗口的单词呢?优衣库就是不想用"发热功能"这个中文词,故意选择一个这么高深的词来"故弄玄虚"。优衣库创始人说优衣库是一家科技公司,优衣库也想把这个发热功能打造成高科技的材料。所谓的高科技,当然要使用普通大众看不懂的词，才能让人有一种敬畏感。直到现在，我虽然已经完全明白了这个面料的由来，但是只要我在优衣库门店看到这个单词，还是会觉得这个面料很高级，即使知道实际上它可能就是一种比普通的保暖内衣稍微好一点的材料，也会因为这个词的背书而对这个面料产生强烈的信任。其实仔细把这个词拆分开来，就会发现"Heat"是发热的意思，"tech"是技术的缩写，所以放在一起就是发热技术，但是Heattech却比"发热技术"四个字看着更高级、更具有科技感，这款薄薄材质的衣服一直给人一种诡异的"值得信赖感"。同样的道理，还有这些看着很高级很有道理的高科技技术，如Air Max、Pitera。

2. 优衣库花了大量的媒体预算投放Heattech公关新闻稿件

没错，不是直白的广告，而是公关新闻稿件。Heattech对于普通大众来说是一个不认识的词，它更是优衣库创造出来的词汇。现在搜索这个关键词，跳出来的全部是优衣库的这种新型材料和面料的介绍。优衣库的新闻公关稿件中，对于这个信息的面料做了非常详细的介绍和描述。这种面料为什么和普通面料不一样，为什么更具有发热功能？因为这种面料可以吸收人体多余的水分并将其转化为热能，从而实现保暖的效果。对于普通大众来说，这样的宣传可以说是不明觉厉，虽然不知道具体产品的原理，但是通过优衣库一篇篇公关新闻稿件，大部分人了解了优衣库Heattech面料的厉害。消费者被这些铺天盖地的新闻公关稿件给包围了。

3. 互动性营销，让用户参与其中

2016年的时候，优衣库在10月份前后（也就是Heattech面料即将迎来销售高峰期前）推出过一款专为宣传Heattech技术而出的H5互动游戏。2016年，H5游戏互动是鼎盛巅峰时期，H5也被认为是一种和消费者强互动关联的营销工具。当时H5游戏比较简单，游戏结束后设置关于购买Heattech面料产品的优惠券。通过和用户强互动的形式，Heattech技术又在消费者面前刷了一波存在感，因为用户自己参与到这个游戏互动中了。

4. 店铺铺天盖地的视觉宣传营销

进入10月份，不管是线上销售渠道还是线下销售渠道，关于Heattech技术的介绍是铺天盖地的。在线上渠道会用各种Banner位置（横幅广告）来推广这个产品，在线下门店，只要是运用了 Heattech 技术的产品，前面都有一个宣传资料来解释这种面料的特殊发热功能，还有一个面料体验的空间。消费者一走进优衣库门店，老远就能看见 Heattech 技术宣传的视觉画面，在门店还能听到广播对这个面料的宣传。优衣库对 Heattech 技术做了一个主视觉形象的设计，并且把这个形象设计运用到了一切能运用的地方，比如线上渠道、线下门店、产品包装，虽然内容上有所差异，但是整体视觉统一，加深了消费者对这个产品的印象。

优衣库对于 Heattech 技术的营销，可以说是一整套对于如何放大产品卖点进行营销的全案。从技术的命名到铺天盖地的公关稿件，再到和用户的互动、加深用户的真实体验，再到销售环节，前后环节紧密相扣，把消费者认知转化为真正的销售额。

对于一些其他企业来说，如何把优衣库的 Heattech 卖点营销运用到自己的产品中呢？大部分企业的体量不足以支撑他们创造出一个 Heattech 系列的产品，但是优衣库 Heattech 这套营销手法完全可以学习。第一，找出消费者需要的卖点和竞争对手做差异化竞争。例如，保暖是冬天消费者对于内衣的最大需求，所以优衣库的 Heattech 技术也是主打保暖的卖点，但是优衣库从原理上解释了保暖的卖点，让这个技术显得与众不同。第二，放大卖点。如果不是商家刻意放大，很多卖点对于消费者来说是没有感知力的，优衣库的 Heattech 系列保暖内衣可能只比其他内衣保暖好了那么一点，但是经过不断放大以后，消费者认知的保暖功效放大的可不是一点。第三，大面积、高频次地推广这个卖点。卖点找出来以后，光自己知道是没有用的，所以需要利用一切可以利用的渠道资源去推广这个卖点。

图 15 优衣库 Heattech 卖点营销

4.2.3 入乡随俗人气旺：肯德基的老北京鸡肉卷

相信很多人都知道，肯德基原来有两款鸡肉卷——老北京鸡肉卷和墨西哥鸡肉卷。顾名思义，老北京鸡肉卷是根据北京人的京酱口味配方推出的一款鸡肉卷，墨西哥鸡肉卷则是符合墨西哥人口味的一款鸡肉卷。现如今，肯德基中国区所有的门店只销售老北京鸡肉卷了。

这一节就来谈谈产品的地域化营销。全世界各地的消费者的特点不一样，消费习惯不一样，饮食习惯不一样，消费理念不一样……这些不一样造就了千差万别的消费习惯。甜咸粽子之争就是一个很典型的中国南北方差异的案例，很多同学在第一次离开自己家乡融入一个来自五湖四海的团体以后才知道原来粽子还能吃甜的或原来粽子还能吃咸的。很多原本在一个地方畅销的产品，进入另外一个市场以后，销量一直不见起色，极有可能是"水土不服"，因为这个区域的消费者压根不接受这个产品，可见产品的地域化营销对打开一个市场多么重要。

肯德基在中国算是一个意外的现象，因为在欧美大部分地区，麦当劳的知名度远远高于肯德基。以我去过的丹麦为例，2011年的时候，麦当劳遍布丹麦的各个主要机场、城市，而整个丹麦却只有一家肯德基（非官方数据，仅是丹麦同学告知的情况）。但是，在中国，肯德基的知名度远远超过了麦当劳，很多城市中肯德基开了一家又一家，麦当劳却开不下去了。可以看出，肯德基在做中国市场的地域化营销的时候，非常了解中国人的特性。它在娱乐化营销上以大量明星代言的方式迅速提高了知名度，在口感上不断推出符合中国人消费习惯的产品。

先来说说老北京鸡肉卷这个经典的产品，我个人只吃过一次墨西哥鸡肉卷，但是却吃了无数次老北京鸡肉卷。因为墨西哥鸡肉卷番茄酱的口感很不符合我的饮食习惯，而老北京的京酱味道却是做得蛮正宗的。不知道肯德基淘汰墨西哥鸡肉卷是不是因为销量不好，但是可以肯定的是老北京鸡肉卷很适合中国人的口味，而且相信这是针对中国市场开发的产品。除了老北京鸡肉卷外，肯德基还有很多符合中国人消费习惯的饮食产品，比如早餐提供的油条、粥、饭团，还有现在的米饭套餐，都是为了迎合市场消费习惯做出的产品，因为你不去迁就消费者，消费者就会抛弃你。

除了肯德基之外，很多企业在积极适应中国消费者的习惯。小龙虾逐渐成为国民的网红美食，那么必胜客怎么能落后呢？所以必胜客借着小龙虾这一波网红的流量，顺势推出了小龙虾比萨。单从营销的角度来看，这是一个很好的案例，必胜客抓住了小龙虾的热点，也抓住了用户的关注点，用小龙虾比萨来作为新的产品吸引用户。

同样的道理，国外吃的中餐也是经过改良的中餐，我在欧洲好几个餐厅吃过中餐，发现除了有些米饭、中国的菜式烧法外，中餐的口感已经很迎合欧洲人的口味了，这也是为了适应欧洲市场而做出的改良。

饮食在地域化营销中是最明显的，所以以饮食举例。但是其他产品也同样存在地域化营销的问题，例如服装，不同地区的温度不一样，对于产品的需求就不一样。

我们来总结下地域化营销的一些重要因素。

第一，必须承认一个客观事实——地域的差距会导致消费者对产品有不同的需求。这从大的来说是国家和国家之间存在着很大的差距，往小了说，一个城市和另外一个城市也存在着差距。作为营销人员，在产品进入一个市场前，就必须要对这个市场的地域特色有一个调研，从大体上把握这个特色，进而针对这个市场的情况，有的放矢地做地域化营销。

第二，对自己要进入的市场地域有一个大概的认知以后，就要对产品进行改良，并且进行营销。有时候不需要完全开发一个新产品来适应市场，因为投入成本高、研发时间长，可能会让你错过最佳的营销时期。大部分产品，只要稍加改良，就能适应这个地域的消费习惯了。

第三，产品的地域化特色靠宣传。有时候为了适应一个地域而对产品做了很多改良工作，但消费者还是不买单，这很有可能是因为宣传工作没有做到位，很多消费者根本不知道你这个产品是针对他们这个地域的。

4.2.4 物以稀为贵：限量款屡试不爽

每年一到节假日，各种品牌都会推出限量款、纪念款、联名合作款。凡是我们吃穿住行的用品的品牌基本上都会推出这种纪念款，集中在日常的消费类产品，比如化妆品、鞋服、箱包、手机。产品纪念款的形式也会不一样，有些产品是为明星本身而出的纪念款，比如体育类产品，代言明星在体育界有特殊荣光的时候，品牌会出纪念款鞋和衣服；有些是为节假日推出的款式，尤其是中国的春节，很多品牌更是当成纪念款最好的营销时间点，争先恐后地推出春节特别纪念款。

一款平淡无奇的产品，即便做限量发售，用户也不会关注，所以一般限量款产品都会配合明星、节假日、纪念日等元素来做噱头，这样才能引起用户的关注。在营销的时候，把这些限量款或合作款的产品卖点放大，把限量放大，比如有些明星退役的最后一款产品，这些有纪念意义的时间节点都会被拿来做营销，让用户感受到产品的纪念价值。

这些产品有共同的特点：数量少（基本都是限量款），价位相对于品牌其他产品略高，产品包装华丽，每个产品对于粉丝来说特别有纪念价值，为生活创造仪式感、这些产品正常销售渠道买不到，基本靠在发售当天排队抢。这些产品数量少、价位高，和企业畅销的产品相比，往往并不能为企业创造价值，那么企业为什么还是热衷于出这些限量款产品呢？

1. 满足消费者炫耀的心理

消费者的消费能力是有很大区别的，比如一双卖价500元的鞋子，有些人嫌贵，但是有些人不觉得贵。尤其是对于那些消费能力强的用户来说，他们不在乎是否多花了钱，他们在乎的是是否享受到独一无二的待遇，是否买到别人买不到的东西。买到极其难买的东西是他的综合能力和社会地位的一种体现，是他对稀缺资源的占用能力的体现。基于消费者炫耀的心理，品牌就需要不断创造出限量款的产品来满足这部分消费群体的炫耀性消费。以iPhone好几代产品首销为例，经常能引起排长队抢购，对于买不到的用户，很多人都愿意加钱从黄牛的手中或者海外渠道购买。这其中一部分就是狂热的果粉，另外一部分就是炫耀心理的人——"你看，你们买不到的东西，我能买到，因为我愿意花更多的钱，我有更多的资源，比如朋友在国外可以帮忙代购。"

2. 提升品牌形象，拉高产品定价

限量款产品的销售金额在整个产品销量中占比并不大。但是从每年春节期间企业推出的各种春节纪念款来说，企业对于推限量款产品乐此不疲。企业不会做无用功，对于企业来说，限量款产品的价值是可以提升品牌形象，拉高整体的产品定价。很多品牌的产品定价是被一次又一次的旗舰款、限量款、纪念款这些产品拉上去的。被消费者日常消费的产品都是基础款的产品，也就是我们所谓的经典款产品，经典款之所以成为经典就是它反复被消费者验证。经典款的产品一般都比较"朴素"，不足以支撑企业的品牌形象，不能让外界媒体以为你这个企业几十年如一日都卖同一款产品，所以企业就会不断地少量推出限量款来树立企业在媒体和消费者心目中新的形象。另一方面，这些款式的产品往往能够提高企业的产品价位，举个例子，我对于OPPO、VIVO的手机价格还停留在2000元以下，但是最近发现它们都推出了各自的旗舰机型，价格已经高达5000+，OPPO和兰博基尼合作款旗舰机售价更是高达9999元，这已经完全超出了这两个品牌产品的定价，虽然旗舰版可能不是主力销售机型，但是这个定价却在无形中拉高了OPPO整体的价格。OPPO就是在向消费者展示，它不仅仅卖低端机型，也有高端机型。

3. 制造悬念，引起好奇

限量款、纪念款这些产品本质上都是一样的，都是营造一种稀缺感和尊贵感，以此来吸引消费者。如果产品没有了故事，那么消费者就会觉得这个品牌很乏味。这些纪念款的不断推出,正好给了品牌一个又一个讲故事的机会，每一个限量款是一个故事，不停地有新故事，消费者才能不停地对你有新鲜感。这些故事不仅说给消费者听，也是媒体热衷或感兴趣的。媒体对于不同的限量款产品，有时候不给媒体版面费，他们也很乐于报道，因为对他们来说，这是媒体的内容素材，是消费者想要看到的，而不是企业的软文。对于企业来说，则是一次又一次免费报道宣传的好机会。

限量款营销抓住的是人的炫耀和好奇心理，只要人类存在，炫耀和好奇心理就会存在，这就意味着限量款营销也就永远有价值。

图 16　限量营销的特点

4.2.5　对消费者的撒手锏：小米的性价比营销

我们经常在生活中听到"性价比"这个词，但是对于性价比的理解总是很抽象，好像只能意会不能言传，而性价比又往往是对消费者最有用的营销撒手锏。用一个很简单的例子来说明消费者心目中的性价比。iPhone XS 正常渠道的售价是 6000 元以上，但是消费者只要从任何一个渠道能够买到价格在 4000 元左右的 iPhone XS（必须确保是正品，不是翻新机的前提下），消费者就会认为这个渠道极具性价比，并且可能会在自己的朋友圈子里奔走相告这件事情。但是如果小米的手机卖到 4000 元左右，消费者不仅不会觉得有很高的性价比，反而会觉得这个渠道卖得特别贵，因为在大部分消费者心目中，小米手机的定位则是 2000 元左右。所以，所谓的性价比，不是一味地比谁价格低，而是要给出比消费者心理预期的价格低的价格。如果提供高于消费者预期的品质和服务，消费者自然而然就会给出一个高性价比的评价。

初创时期的小米手机就是凭借着性价比迅速打开自己的市场的，当时国产智能手机还没有普及，智能机还是高端机苹果和三星的天下，大家对于高端智能机的认知一直都停留在 5000 元左右的价位。小米当时就是凭借着

1999元小米和799元红米打造"发烧"和"入门"两大系列手机，凭借着高性价比抢占年轻一代的市场。要知道，当时小米的PK对象是5000元左右的苹果和三星机，所以消费者当然为这个不到一半的价位，却能提供类似功能的小米而"发烧"。当然，国产智能机也在不断抢占市场，如今2000元左右成了国产智能机的标配价格，性价比这个词随之失去了竞争优势，可见性价比是一个随着环境不断变化的概念。

小米不在手机上沿用性价比的营销概念，而是推出"为发烧而生"的口号，是为了迎合消费者不愿意承认自己买小米就是因为没钱的心理。但是小米这个高性价比策略却一如既往地运用在手机和其他产品上，小米凭借着规模的优势降低了其他产品的成本。业内对小米有一种恐惧，当小米想要进入一个市场时（比如电池、接线板、电视、电饭锅），这个品类的龙头老大就会忧虑了。因为小米可以凭借着巨大的规模优势，再利用自己强有力的渠道力量，把一个品类产品的单价做得远低于市场价格，创造出高性价比的产品来吸引顾客。"小米生态链"系列产品出现的时候，小米彩虹电池、小米充电宝、小米电饭锅、小米智能音箱……通常能带给大家"超出预期"的惊喜。小米创始人雷军在2018年4月25日发布会上公布，小米未来硬件的综合利润率永远不会超过5%，以此来强化小米产品的性价比这样一个概念。

性价比营销给其他品牌的启发

并不是每一个品牌都能像小米一样，凭借强大的规模优势，再利用强有力的渠道把价格做低。但是性价比营销里，不仅仅是做低价格这一项，还有提供超出顾客预期的产品和服务，尤其在服务方面，是很多品牌可以学习借鉴的，消费者从一次消费过程中得到了比原本宣传更多的产品性能，以及比原来宣传更多的服务，那么他自然就会觉得自己赚到了，也就是所谓的他感受到了性价比。所以，性价比营销的核心是提供给消费者超出他预期的东西，让他有一种"哇哦"时刻，只要他感受到了这个时刻，他就会成为一个传播者，帮你传播，让你坐享其成了。

4.2.6 人物赋予产品灵魂：褚橙的励志营销

褚橙和本来生活网是互相成就的两个品牌，在把褚橙包装成功前，本来生活网还只是一个日均只有 60～70 单的小平台，褚橙还只是云南果园里的一片橙子林。现在的褚橙已经不仅仅是橙子那么简单，而是赋予了很多人格化的意义，把橙子和褚时健个人 85 年的人生经历包装在了一起，橙子已经不是原来那个橙子了，而是一个经历 80 多年人生起伏的老人，在人生 75 岁时再次创业，历经 10 年的时间培育出来的品种，因为把创始人和农产品进行了强关联，褚橙也就成了褚时健老人的个人品牌的代言。褚时健大起大落的人生经历，使得褚橙和褚老一样成为励志的一种象征。通过对褚老的人生经历做出一些总结：80 多年的跌宕人生，75 岁再次创业，耕耘 10 载结出 2400 亩累累硕果。褚橙要传达的就是一种这样的精神："人生总有起落，褚老的创业精神终可传承。"

本来生活网包装褚橙的案例，可以说是由一个偶然因素打爆的。本来生活网和褚老谈褚橙销售的合作时，带了两位记者。因为褚时健的影响力，记者对褚时健种橙子的故事进行了报道，王石最先转发了这篇报道，并且引用了巴顿将军的一句名言借以表达自己对褚老跌宕起伏的人生的敬佩之情，进而引发了王石商界朋友们的转发，从此褚橙就打上了褚时健和励志的烙印。这篇报道发表以后，褚橙就很畅销了，尤其是褚橙的第一批种子用户，大部分是对褚老有所了解的 60 后企业家群体，他们把褚橙作为员工福利，作为送客户的礼物，他们是认同褚老的励志精神，才会认可褚橙的。所以褚橙的第一阶段营销的就是褚橙创始人。

当然，褚橙是个好商品，并且有好的代言人——褚时健。本来生活网又是一群媒体人创业的生鲜类电商网站，在营销领域也很有自己的玩法心得。第一批褚橙爆红以后，本来生活网的策划团队不满足于只把褚橙卖给 60 后企业家。2013 年，褚橙的目标消费客群锁定为 80 后。到了后期，本来生活网也意识到光讲励志故事，消费者总会有听厌的时候，所以他们策划了很多和年轻人共鸣的营销案例。他们沿用了可口可乐歌词瓶的创意，为褚橙的包装设计写了 12 个标签文案，这些标签文案分别对应 12 类年轻人。比如"谢谢你让我站着把钱赚了""在复杂的世界里有一个就够了",这些和年轻人有共鸣的文案吸引了年轻的客群。再加上褚时健的影响力,很多尊敬褚老的社会名人,如蒋方舟、韩寒、罗永浩等人都自发免费地为褚橙宣传。褚橙再一次在年轻群体中引爆了。

在实际生活中,农产品的认知只有地域化,却没有品牌化。比如新疆的哈密瓜、山东的红富士、奉化的水蜜桃、黄岩的蜜橘,每个地方因为光照、土壤、气候不同,造就了不同口感的农产品。所以农产品就被打上了强烈的地域化标签,却很难做标准化和品牌附加值。褚橙则通过创始人的故事解决了这个问题,橙子还是那个橙子,但是因为种橙子的人的人生经历使橙子具有了新的价值,围绕着褚橙的创始人褚时健来展开一系列的营销活动,并且和社会名人进行互动,进一步提升了褚橙的影响力,使得产品和创始人产生了强关联,而弱化了农产品的地域性。这是一个很好的差异化的营销案例。

第5章 被忽视的营销阵地——理解门店营销

前两章结合实际案例,分别从包装和产品本身的角度讲营销。这一章会从门店角度谈营销。门店有线上门店和线下门店,线上门店将会在数字化营销中集中分析,所以本章只谈线下门店的营销。

5.1 门店营销基础知识

实体店的生意呈现下滑趋势，但是大家开实体店的热情却没有下降，甚至原本做线上的企业也开始布局线下门店，比如天猫小店、小米之家，都是互联网企业布局线下门店的产物。由此可见，线下门店在企业战略布局中是不可或缺的。因为线下门店现在已经不仅仅承担卖货的功能，更多的是承担了顾客体验、顾客互动、品牌形象展示等功能，更是营销环节必不可少的一部分。既然网络生意那么好做，线上增长那么迅速，为什么互联网企业还纷纷布局线下门店呢？

1. 线下门店是离消费者最近的渠道

互联网时代，网络营造的一个衣冠楚楚的高富帅在现实生活中可能是一条坐在电脑前打字的狗，这个比方有点夸张，但是很好地说明了互联网上人和人打交道的虚拟性。淘宝购物的时候，"亲"喊得再亲热，都无法和线下面对面的接触相比。所以，线下的门店是离消费者最近的一个渠道，也是可以最"亲密"接触消费者的一个渠道，导购员可以看到消费者的穿衣打扮、肢体语言、面部表情，而这些都是在网络上看不到的。同样的道理，消费者也可以看到店铺陈列，以及导购员的肢体语言、面部表情、穿衣打扮。通过这样一个相互接触的过程，双方可以得到很多无法在线上得到的信息。面对面的接触，意味着可以做更多的面对面交流的营销活动。

2. 线下门店可以提供最直观的体验，线下渠道的产品看得见摸得着

消费者在线下门店可以对产品从触感、嗅觉、视觉、听觉、味觉等进行全方位的体验。以家具店为例，线下门店可以进行整个居家空间的家具布置（宜家的样板间），让你直接感受到购物家具以后的真实场景，这种真实场景绝对不是图片可以提供的。图片无法直观地还原一个真实的购物场景。

3. 实体门店将作为一个媒介渠道发挥巨大的作用

户外广告、地铁广告、机场广告的投放都是很昂贵的，因为这些地方都是人流密集的黄金地段。线下门店开在黄金地段将会以一种媒介投放渠道而存在，这家店除了卖货之外，里里外外的广告资源位置都可以被利用起来。在实体门店购物，消费者是有感知的，能有真实感受。实体门店又能让消费者把自己的品牌故事传播出去，把自己的产品传播出去。这比其他媒介更具有生命力和影响力，也更能让消费者振奋。社交媒体会融入购物体验中，比如产品比价、产品分享等，所以每一家实体门店最后的功能让位于为品牌和产品做广告，成为宣传渠道。

如果每一次购物都让消费者值得回味，那么每一次接触都是有效的互动。

本章会通过 7 个案例来谈谈实体的线下门店在营销中具体发挥的作用。

5.2　门店营销案例解析

5.2.1　没有对比就没有营销：阿迪达斯 boost 鞋子

虽然阿迪达斯和耐克是服饰企业，但是它们经常会研发新的材料运用于鞋、服。阿迪达斯研发了一种叫作 boost 的材质，运用于跑鞋鞋底，这是阿迪达斯的核心技术。boost 材质和普通鞋底相比，具有高度耐磨、卓越的缓震效果和出色的散热性。阿迪达斯除了通过大量的线上广告宣传 boost 材质的优点外，在 boost 推广期间，阿迪达斯的很多门店设置了一个体验区，把 boost 材质和普通鞋底的材质放在门店，让顾客直接去感受两种材质不一样的地方。

我自己在门店亲身体验过 boost 材质和普通材质的区别，两个材质的体验区踩上去的感觉完全不一样。Boost 的体验区踩上去更加柔软舒适，弹性更好，普通材质就比较硬，弹性也较差。因为是我亲身体验的结果，所以我对 boost 材质的印象特别深刻，潜意识就是觉得 boost 材质的性能更加出色，

boost 材质的跑鞋也更加舒适。当周围人问及我这种材质的时候，我会把自己的体验如实告知。

正所谓百闻不如一见，很多人对于宣传产品如何好的广告的认知很不深刻，甚至对于广告的真实性持怀疑态度，但是对于自己感知和体验的东西却印象很深刻。所以阿迪达斯在线下选择这种比较的方式来推广 boost 这个产品就很合适，boost 材质的鞋子最低售价是 1299 元，远高于阿迪达斯普通款的鞋，如果没有这种实际良好的体验，消费者很难接受，与其一味地说自己好，倒不如让消费者直接感受一下。

体验式营销最好的方式是对比式体验，除了阿迪达斯 boost 鞋子的线下的直接体验，我还看到过一家品牌在做夏凉布的体验，商家在门店做了两个箱子，在两个箱子里放了不同面料的布，一个是门店要推广的夏凉布，另外一种就是普通的棉布。这个体验效果很直观，手触摸夏凉布瞬间就能感受到清凉，清凉又是夏天消费者所追求的，所以这样一个直接的体验很能促进线下的销售。如果商家仅仅放一种面料，那么消费者只有一种体验，他不能感受到这个面料到底好在哪里。如果有衬托的普通面料，一个是有凉感的，一个是没有凉感的，那么消费者一触摸就能立马感受到这种对比效果。

这种体验型的营销模式，是线上零售给不了的，却是线下零售最有力的推广。线下门店可以让消费者进行多维度的体验，比如试穿、试用、试吃，还能对产品进行"望闻问切"，触摸产品的面料，闻闻产品的味道（是否有异味），如商场香水的气味、商场面包的香味，观察产品的大小、尺寸，这些都是直接的感受，也是线下所特有的营销模式。线上除了看图片、视频之外，对实物是摸不着、闻不着的。所以，在门店做营销的时候一定要抓住给顾客直接体验这一点来和线上做差异化营销。

5.2.2 寸土寸金资源位：门店展示型营销

虽然线下门店不是营销的主要战场，但是线下门店却有很大一块地方可以作为营销的资源位置。这是被大部分企业所忽略的一个天然的营销场所。除了让顾客实际体验外，门店展示这一营销资源也要有效利用起来，门店的商品陈列、灯箱广告、产品的宣传物料都对产品的销售有着很大的推动作用。

门店展示型营销主要有三种形式：门店商品陈列、门店灯箱广告、产品宣传物料展示。

商品陈列的好坏直接影响门店的销售，陈列一般会结合美观和产品的销量来做，既要留给门店的畅销款（畅销款之所以成为畅销款是因为它满足了大部分人的需求），又要兼顾整个门店的美观度。一般来说，在服装行业畅销的都是一些大众色的基本款（如黑、白、灰、藏青），但是门店陈列吸引人的却是红色、橙色这些比较靓丽的颜色，所以，在做陈列的时候要平衡好促销和吸引顾客二者的关系。

除了商品陈列之外，门店的灯箱广告也是一个重要的广告资源位置，一家门店可能有几百个甚至几千个产品数量，但是灯箱广告能展示的位置往往有限，所以一般这个广告位置都会放门店当季重点推广的产品。有些产品还有模特穿着进行展示，有广告大片的效果，这就是人为地帮助顾客选择门店的重点款式，强迫灌输给顾客，我在门店遇到过很多次顾客要求试穿灯箱广告模特同款产品。门店的灯箱广告更是吸引顾客进店的一个重要途径，每到换季，门店就会用很大字号的"5折""On Sale"等文案来吸引顾客进店消费。

第三种形式就是关于产品和品牌的各式各样的宣传物料展示。一般一个产品有特殊的卖点和功能，品牌市场部会对这个功能进行包装，比如衣服，就会印刷上这个衣服特殊的面料或特殊的功能。还有一些明星同款的产品，也会把明星使用这款产品的资料印成照片或做成海报在门店展示。不要小看这些资料的作用，消费者很愿意为这些物料买单，尤其是当消费者对是否购买这个产品犹豫不决的时候，用产品宣传资料助推一把，对成交有很大的帮助。门店展示中，给顾客看一些产品的潮搭的产品册或明星穿这款产品的宣传图，都能更好地促进成交。因为到店的顾客已经有很强烈的成交意愿了，只需要推一把就能促进成交。

门店展示型营销有什么优势？

1. 顾客群体精准

在商场逛的顾客或进店的顾客，已经是很精准的顾客了，在一定程度上成了商家的目标客群。当消费者走进银泰的时候，大部分人是认同银泰的消费水平的,所以这一顾客群体,远比媒体投放广告的客户群体精准得多。

2. 消费闭环链条较短

即使线上投放精准地定位了广告客群,从通过广告告知消费者,到消费者认可这个品牌,再到消费者去线下门店找到这个品牌,从中挑选出适合自己的产品,再到卖价不超过消费者的心理价位,最后到成交,也有一个很长的转化链条。只要其中某个环节出现意外,这一单就很难成交了。但是门店营销则不一样,消费者已经进店了,只要在合适的位置展示了他想要的产品并且被他看到,那么就只剩下成交这最后一个环节了。

图 17　消费闭环链条

3. 最好的广告资源位

因为顾客群体精准、成交率高,所以门店展示这一块是最好的广告资源位。但是这一块总是被很多公司忽略,很多公司会在付费投放的渠道内容制作上花费大量的人力和物力,想着门店反正是免费资源,很随意地做灯箱广告。有一个品牌店,到了夏装销售的阶段,店铺门外的灯箱广告还是春装的毛衣。店铺最外面的灯箱广告是吸引顾客进店的重要招牌之一,大热天,当顾客看到毛衣的灯箱广告时,自然没兴趣进这家店去看。门店展示是吸引顾客进店的重要因素,要么告知店内的折扣信息,与消费者的利益息息相关,要么陈列最新品,引起顾客的好奇心,否则就造成最大的广告资源浪费。

4. 企业有很大的自主权来决定这个位置的广告内容

企业投放媒体资源的时候会受到媒体的限制,有些媒体要求广告产品植入不能太硬,有些媒体觉得企业广告设计得太丑,各种各样的限制令企业不能按照本来的意愿投放广告。但是对于门店展示,企业拥有绝对的自主权,可以决定什么时候更换画面、放什么样的产品、是否放促销信息,企业想要主推什么产品的时候就可以更换灯箱广告。高度的自由权,使得企业可以灵活运用门店的广告资源位来进行组合营销、促销营销、新品营销等多种营销方式。

5.2.3 提高试穿率才是成交的关键:"瘦十斤"牛仔裤营销

做过服装销售或者自己去商场买衣服的应该都有这样的体会,在商场逛来逛去就是挑不出一件适合自己的衣服,但是试穿衣服这个环节一旦打开,就像上了魔咒一样,会在同一家店铺不停地试衣服,直到挑到满意的为止。因此,各个品牌都在绞尽脑子地提高顾客的试穿率。最常听到导购鼓励顾客试穿的台词有"买不买没关系,先试试看""衣服一定要上身感受一下,才能看出效果"等。这些台词都是常规用语,很难打动随便逛逛的顾客。有个女装品牌开展的一个营销活动"瘦十斤",却着实提起了我试穿的好奇心。

先来简单介绍一下这个"瘦十斤"的营销活动,当时导购推荐我试穿一条裤子,说这条裤子穿上有"瘦十斤"的上身效果,并且在这条裤子上有"瘦十斤"的广告标签,标注了这条裤子上身以后"瘦十斤"的视觉效果来源于设计师对于板型和面料的改良。这立刻激起了我试穿的愿望,改变板型就能在视觉上"瘦十斤",导购会不会骗我?所以我就立刻试穿了这条牛仔裤,神奇的是这条裤子还真的有显瘦的效果,并且通过这条裤子,我又试穿了很多其他衣服,最终买了5件衣服。

等到我回归理性以后,再想"瘦十斤"这个营销活动,就有点恍然大悟的感觉。通过板型和面料的改良来达到视觉上显瘦是可以做到的,比如黑色显瘦是大家的共识。但是这条牛仔裤真的能"瘦十斤"吗?这就是商家的一种营销手段了,通过"瘦十斤"的噱头来提高门店顾客的试穿率,至于是否真的能瘦十斤,不同的消费者有不同的看法,根本无从评判,可谓是仁者见仁,智者见智。但是这个营销的切入点却找得非常精准,而且无限地放大了这个用户群体的痛点——显瘦是大部分女性对裤子的诉求,以显瘦为切入点,拉近和顾客之间的距离,让顾客主动试穿牛仔裤,进而引导顾客试穿其他衣服,从而促成销售。

"瘦十斤"营销活动,放大了产品的卖点,给了顾客更多试穿的理由,因此就会比其他品牌拥有更多的销售机会。顾客试穿以后,又受到"瘦十斤"先入为主的影响,不自觉地认为这条牛仔裤就是比其他牛仔裤更显瘦,成交率也就会更高。

大部分营销人员都在绞尽脑汁地想创意、拼方案，然而很多方案对于一线门店来说却不接地气，感觉很难和消费者挂钩。好的创意、好的灵感不是来自天马行空的构思，对消费者的了解也不是来自问卷调查，而是来自对一线市场消费者的观察。虽然消费者千变万化，但万变不离其宗。从特性中找共性，从共性中找差异，从差异中找到机会，才能切中消费者的诉求，进而引爆活动，带动销售。

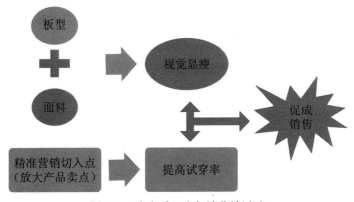

图 18 "瘦十斤"牛仔裤营销活动

5.2.4 纸上推销员下店：导购推荐营销

约翰·肯尼迪把广告定义为推销术，所以线上营销做得火热，说到底还是一种"纸上推销"的形式。说起推销，就不得不提最原始、最古老的的实体店推销员。面对面的推销效果肯定要比纸上推销的效果好得多，纸上推销术对顾客来说是隔着纸（现在可以指报纸、杂志、手机、电脑等）在推销产品，总是有很多障碍。导购可以理解为线下实体店的推销员，他们将鲜活的广告内容变成肢体和口头语言来向顾客推销。那么是不是要对导购员重新进行定位和理解？门店导购不仅仅要为门店的业绩负责，更应该成为一个优秀的推销员。

为什么要推销呢？推销的最终目的是让顾客在你这里买产品，所以不管是纸上推销还是导购推销，目标是一样的——就是为了卖货。但是每个公司给推销员定位的推销内容是不一样的。

1. 推销公司品牌文化和产品信息

大部分线下门店对导购员的考核简单粗暴——业绩的达标率，苹果却不设立门店业绩指标考核。他们的文化和理念是这样的，线下门店是品牌和顾客互动的一个场所，店员要把最好的东西推荐给顾客，帮助他们试用苹果的产品，向他们介绍苹果的文化以及产品的功能，与消费者进行良性互动，而不是把最贵的产品卖给消费者。门店一旦设立业绩考核目标，店员就会想尽办法完成指标，就会想办法卖最贵的产品，而不是把苹果的品牌和最好的产品推荐给消费者。

2. 倾听顾客意见，成为顾客和公司之间的桥梁

导购除了推销品牌文化和公司产品之外，还有一个很重要的职能就是成为公司和顾客之间的桥梁。他们能直接接触到消费者，所以对于消费者喜好的认知判断更准确，因为他们有最多的机会倾听到顾客对产品的意见，包括产品的设计、使用体验、包装、大小、尺寸、售后服务等各方面的意见。导购也会把企业产品的一些设计理念、设计原理、销售卖点，通过口头表达的方式传达给顾客，帮助顾客更好地使用产品。很多功能如果导购不去介绍，顾客是不会挖掘出来的，所以，导购如果能面对面地为顾客讲解这些功能，就会让顾客感觉这家公司的产品性能好。

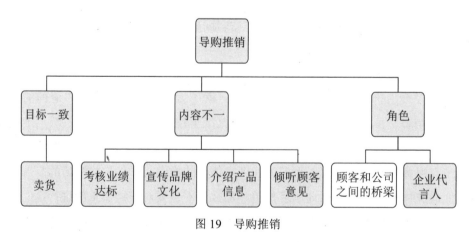

图 19　导购推销

卖货只是导购的一个功能，推销才是导购最主要的职责。卖货和推销有区别，卖货指把这个产品销售出去，推销可以理解为把这个东西介绍并推荐

给顾客。线下导购是一个很大的群体，他们的一言一行都代表着品牌，要对他们进行良好的培训，让他们能真正成为企业的代言人，让他们真正成为从纸上走到线下的推销员。

5.2.5 以"试用"的名义笼络人心："试"字营销

很多产品的成交基于用户良好的试用体验，所以每当有新品的时候，就会在门店做新品品鉴会，邀请老顾客来体验新品。比如，化妆护肤品营销，会让顾客试用新产品；服装品牌，会让顾客试穿新款；汽车营销，会邀请顾客试驾。这些"试"的行为就是为了增加和顾客的互动，让顾客通过试用来切身感受到产品的好处。不管外人把这个产品说得如何天花乱坠，顾客总是更相信自己的试用体验，所以试用、试穿、试吃、试驾这些行为都是和顾客进行互动的体验营销模式。很多人对于产品的"试用"营销这个概念不是很理解，这一章就结合最直观的试用营销——试驾来谈谈门店的试用营销。

大部分人去4S店买车，即使在网上确定了要买的型号，参考了各种参数，对中意车型的各种情况已经了解，还是会在购买之前试驾。第一，从产品本身来说，汽车是个耐消品，这就意味着买一辆车对一个家庭来说可能是要用十年甚至更久，所以购买者决策时会慎之又慎，很多用户想要实际试用一下这个汽车（也就是试驾）。第二，这是由汽车的产品特点决定的。面膜试用一片以后就作废了，零食试吃一口以后就少了一口，即便这样还是会推出试用的面膜和试吃的产品，主要是为了让用户买更多的面膜和更多的零食。但是汽车试驾以后还是那个汽车，并不影响二次销售。第三，试驾更能让购买者获得整个汽车产品的操纵感受，比如说加速快不快、方向盘重不重、操控好不好，都能在试驾过程中体验出来。所以，试用就是要让顾客真实地去体验产品的好坏。

1. 在销售和顾客之间多一个缓冲地带

销售一上来就让你买东西，你肯定很反感，第一时间就会抗拒。例如现在很多身体按摩的消费，你去门店的时候，可以以一个很低的价格买一个体验的产品，让你感觉全身放松，整体体验很好，此时面对销售的推销，你的警戒心会立刻降低，你就觉得买一张按摩卡来放松身体是对自己好，而不会感觉是销售员在给你推销产品。这是我很深刻的亲身体会，我本来对美容院、健身房抱有很强烈的偏见和警戒心，一直觉得他们就是为了推销产品，但是当我做过身体按摩、体验过私教以后，就会发现，他们推销的就是一种正常的产品。如果你愿意试用，只要你找的是符合市场经营规则的商家，那么多数时候你买的也是一个正常的服务型产品。

2. 提高门店客户的到店率

巧妇难为无米之炊，再能干的销售，遇到没有客流的店铺也无能为力。所以，门店会经常推出一些美食试吃活动、新品试用活动、新车试驾活动、课程免费体验活动，这些都是为了吸引顾客到店。只要顾客到店了，就有各种各样的方式让顾客去消费，这就是销售的前奏，用一些体验、试用的方式把顾客吸引到店内，而让顾客到店以后买单才是真正的目的。这个方法很有效果，有些门店经常做一些"试"的营销活动，顺便会给这些到店的顾客送点小礼品，有些顾客想着反正闲着也是闲着，就会到门店去逛逛，逛逛以后就好像发现了新大陆，开始买得停不下来。

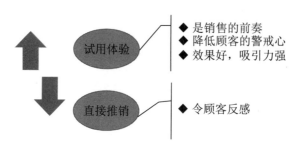

图 20　试用体验的好处

5.2.6　门店傍大牌：ZARA 挨着奢侈品开店

美国纽约的第五大道、巴黎的香榭丽舍大街、米兰的艾玛纽大道、东京的涩谷购物区、北京的大悦城、上海的南京路，这些都是奢侈品品牌的云集之地，也是 ZARA 的入驻之地。在全世界的时尚之都的最核心地段，ZARA 都占据着一席之地。在这个黄金地段，与 ZARA 做邻居的都是一线大牌，如路易威登、香奈儿、迪奥、普拉达、阿玛尼……这就是ZARA的"傍大牌"的门店营销策略。ZARA抢占了全世界最好地段的位置，并且通过和奢侈品大牌比邻开店来提升自己的整体品牌形象。ZARA不仅仅抢占全世界最好地段的位置，后续的开店策略也是抢占一个城市、一个地区的最好位置来开店。以杭州的钱江新城为例，ZARA入驻的就是万象城而不是旁边的来福士，因为万象城一楼都是世界一线品牌，所以ZARA就开在万象城的二楼。

ZARA不仅在选址上傍大牌，在店铺设计风格上也和奢侈品品牌店很接近，没有花里胡哨的装饰装修，全部是简约大方的设计风格。我去过欧洲罗马的一家ZARA店，一开始没有看到店头，被其复古的外观建筑所吸引，一度以为是奢侈品店（欧洲很多奢侈品店会开在显眼的复古店铺里），进店以后才发现这是一家ZARA的店铺。

ZARA很少做媒介广告，它就是依靠黄金地段的位置来提升自己的知名度和美誉度的。

第一，和产品策略很匹配。ZARA的产品策略就是快速模仿一线大牌，然后以一流的设计和三流的面料做出与一线大牌类似款式的产品，以极低的价格销售，让很多消费能力低的年轻女性享受到一线大牌的设计款式。正是因为这样的定位，ZARA才把店开在奢侈品品牌旁边，彰显时尚品位。旁边门店几万的奢侈服装买不起，没关系，你来ZARA花几百元就能买走差不多的款式。这种生活处处充满惊喜的感觉，俘获了很多年轻女性的心。

第二，广告费用花在顶级选址上。核心地段的租金高得吓人，但还是有很多品牌趋之若鹜，想要占据一席之地，因为核心地段意味着大的人流量、高的消费能力、全球的美誉度。大家都知道纽约的第五大道、巴黎香榭丽舍大街、京东的银座都是奢侈品云集的地方，在这些地段开店，就是品牌的"活广告"。即使这家店铺经营亏损，但是在这些地段开店的口碑效应却能为品牌带来很多溢价，这些溢价就相当于免费的广告，这笔费用用来补贴亏损的门店，也很有性价比。这就是为什么很多大的品牌旗舰店，即使处于亏损状态，也会选择继续经营，因为这个门店就是一个大型的户外体验广告，拥有这个城市最密集的流量。

"傍大牌"这个策略并不适合每个品牌，ZARA是因为其产品定位就是"傍大牌",所以把门店开在奢侈品大牌旁边是水到渠成的事情,而且消费者对于从产品到门店都"傍大牌"的 ZARA 也很支持。但是那些本身产品定位和大牌差着十万八千里的品牌,却非要开在最核心的地段,不仅消费者不买单,自己还得承担高昂的租金,这样就会得不偿失,所以在"傍大牌"之前一定要先审视自己的品牌是否适合。最近实体零售不景气,也有越来越多的品牌开始选择关闭那些不盈利却占据着黄金地段的门店,可见并不是每一个占据黄金地段的门店都能带来效益。

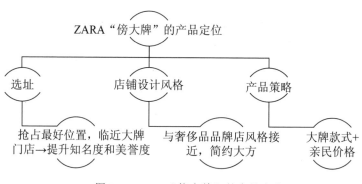

图 21　ZARA"傍大牌"的产品定位

5.2.7　为了线上热度开店:丧茶快闪店营销

2017 年 2 月,喜茶入驻上海来福士,一时间引发了喝奶茶排队的风潮,喜茶随之成了朋友圈的热点话题。紧接着就有网友 @ 养乐多男孩洸洸发微博表示想开一家"丧茶",主打一事无成奶茶、无所事事奶茶,提倡丧文化。2017 年 4 月 28 日,"丧茶"就从段子变为现实,开始营业。这不是一家以盈利为目的的丧茶店,而是由网易新闻和饿了么共同策划的一家快闪店。

这家快闪店在 4 月 28 日至 5 月 1 日是对外营业的,所以可以理解为这是一种门店的营销形式,但是我更愿意把这个快闪店理解为网易新闻和饿了么为了蹭喜茶的话题热度而策划的一次线下活动。

1. 热点蹭得很及时

这次门店营销活动的热点蹭得很及时,2 月份喜茶入驻来福士,4 月底"丧茶"就从段子变成现实,可见网易新闻和饿了么对于热点具有极强的敏感度。从2月份到4月份,落地不到3个月的时间里,喜茶入驻来福士引发排队的话题在朋友圈一直持有热度。2017年,丧文化的流行,再加上段子"丧茶"的助推都为这一次快闪店的落地做好了铺垫,而网易和饿了么就迅速抓住了这次机会,积极推动了"丧茶快闪店"的落地,蹭得了一波热度。

2. 趣味性很强

从网络上流传的丧文案到店门口的丧羊,店门口立着巨大的丧茶吉祥物——王三三,丧气包裹着它,生无可恋,让人看着就觉得人生丧到了极点。这是一种年轻人的自嘲方式,所以这些"丧"里又带有很强烈的共鸣和趣味性。在巨大的社会压力面前,年轻人更乐于通过自嘲的方式来调侃自己,释放压力,因而"前男友过得比你好""瘦不下来""积极废人""隐形贫困人口"等语汇甚为流行。这年头谁没遇到过几个"渣男",这年头谁不想减肥,这年头谁不是月光,这年头谁不是一边骂着老板一边却又年复一年地上班……把这些丧文化通过一种调侃的方式表达出来,就增强了趣味性。

3. 可以在饿了么下单

虽然丧茶只营业三天,但丧茶难买的程度不亚于喜茶,引发了很多人排队。因为饿了么要推广自己的APP,所以在APP上架了这家门店,用户可以通过APP点外卖。虽然这并不能给饿了么带来爆发式的用户下载量,但是饿了么传播了这样一个理念——丧茶难买,但是你可以在饿了么平台下单啊,饿了么在吃喝方面能为你提供全方位的服务。这就是通过活动塑造品牌形象的一个好时机。

4. 网易新闻助推线上传播

线下丧茶再火爆,其能影响的人数和群体也是有限的。丧茶本身就是一个很好的创意,借助网易新闻APP,在网络上掀起了一波丧茶热潮。这个创意很好,其他品牌若做这个"丧茶"活动的话,传播效果未必好。因为网易新闻和饿了么的跨界合作,是自带网易新闻媒体类APP流量的,即使没有任何付费推广资源,就网易新闻这一个资源,也足以获得足够多的种子用户来传播本次活动。

所以,这次丧茶快闪店的活动真可谓天时地利人和,快速地蹭了喜茶的流量，用了网友的段子，发挥了饿了么的功能，利用了网易新闻的流量，才使得网上掀起了一波"丧茶热"。

丧茶快闪店营销
- 蹭喜茶开店以及网络评议的热度
- 从文案到门店设计，趣味性很强
- 借助于饿了么APP塑造品牌形象
- 网页新闻媒体APP助推线上传播

图 22　丧茶快闪店营销

第6章 被移动互联网瓜分的时间 理解数字化营销

朋友圈广告、口碑传播、SNS（Social Networking Services，社交网络服务）营销，这些被我们津津乐道的营销手段可以统称为数字化营销。为什么数字化营销成了越来越多品牌营销的必争之地，为什么二微一抖（微博、微信、抖音）成了品牌数字化营销的基本标准？因为数字化营销增强了和消费者的互动，使信息传递更及时、和消费者沟通成本降低。

数字化营销就是使用数字传播渠道来推广产品和服务的实践活动，以一种及时、相关、定制化和节省成本的方式与消费者进行沟通。数字化营销可以理解为一切在网络（主要是互联网）上的营销方式。我们可以把网页营销、移动互联网营销、邮件营销、搜索引擎营销、社会化媒体营销理解为数字化营销的一部分。国外的数字化营销平台包括但不仅限于Twitter、Facebook、YouTube、Instagram、Pinterest、Google等；国内的数字化营销平台包括但不仅限于微信（公众号、朋友圈等）、微博、网易号、头条号、知乎、快手、抖音、直播平台、电商平台的内容平台（比如淘宝的微淘）、百度、QQ。

6.1 数字化营销基础知识

6.1.1 数字化营销的特点

1. 用户交互性强

数字化营销普及之前，大部分营销方式（电视、报纸、杂志、户外广告等）属于品牌方单向输出，品牌方把信息做在一个内容里（视频、广告单页、广告牌），然后找到合适的渠道大面积地投放，用户则是被动地接收这些信息。在数字化营销的时代，品牌和用户有了更好的交互，品牌方不再是单一地输出，用户可以在品牌社交媒体上留言，直接和品牌进行互动。用户可以自由选择是否接收这个品牌的信息（也就是用户具有选择权，是否关注这个品牌的官微），用户可以和品牌进行互动。这时候的品牌就不能以高高在上的姿态和用户讲话，也不能强制推广自己的广告信息。品牌要做的是让用户来和自己互动，并愿意持续地和自己互动。在数字化营销时代，用户有了更多的选择权，当他不再喜欢你企业官方社交媒体上发布的内容时，他可以选择一键取消关注。

2. 移动互联网占据了年轻一代大部分的时间

现今的年轻人是数字化的一代，他们很早就接触到了手机等移动互联网，时刻保持自己"在线"。他们不停地上社交媒体，刷微博、刷微信朋友圈、刷微信公众号、刷豆瓣，他们将自己的生活大方地展示在社交媒体上。他们在网络上消费，天猫、京东、苏宁易购各个电商都想抢占他们的注意力。不管是以前还是现在，朋友推荐对品牌的背书效应要远远强于广告的背书效应。社交媒体放大了朋友背书的效应，通过互联网，他们决定什么时候要搜寻品牌、了解什么信息，什么时候去购买，什么时候去跟朋友、粉丝分享，而由于现在的消费者手不离机,因而要想取得他们的关注,品牌也就必须要进行数字化营销。

3. 内容短平快,趣味性和娱乐性更强

快手火了,抖音火了,papi酱火了,每一次一个新的内容都火得猝不及防。单从视频拍摄的角度来说,抖音的视频拍摄可以说是很粗糙的,与大制作、大成本的TVC广告(即商业电视广告)比起来,可以说是小巫见大巫,但是大家更愿意传播抖音的视频而不愿意传播TVC的广告视频。因为用户要的并不是制作精良的内容,而是想要传播让用户产生情感共鸣的内容。用手机随时拍的视频,融入了创意,融入了用户的情感共鸣,这些源于生活的内容成为消费者最受欢迎的内容。数字化营销时代,内容不再讲究大制作、精良,而是要从生活中不断找到能和消费者产生共鸣的内容,快速产出,快速传播。这就是内容的短平快。

4. 各个品牌争奇斗艳拼创意

原本的营销中,传播渠道的资源占据了很重要的位置。很多广告内容本身做得一般,但是通过大面积的渠道投放,用户就会接受,所以很多品牌争夺央视的标王,一旦拿下央视黄金时间段的广告资源位,就意味着品牌可以一战成名。吴晓波大败局里的案例、秦池的白酒就是典型的成也媒体败也媒体的案例,央视的广告迅速捧红了秦池的白酒。那时候媒体渠道单一,央视的"标王"就意味着流量和关注度。数字化营销时代,传播渠道多元化,各个平台对内容的要求各不相同,有以图文为主的平台,有以视频为主的平台;各个品牌争奇斗艳拼创意、拼想法,就为博得用户的关注。传统的营销方式,用户是被动接收,他们只能评价广告好坏,而没有主动传播权利,他们只能看却没有传播的载体。但是数字化营销时代则不一样,用户有很多属于自己的媒体渠道(微博、朋友圈等),他们可以自愿选择是否传播这条品牌的广告。对于创意一般的、广告味浓的内容,很多用户根本不会转发。在数字化营销时代,用户不愿意参与传播,不能成为传播的一个环节,那么很多创意一般的内容就会自动被淘汰。

5. 互联网时代以小博大案例层出不穷

在传统营销时代,很多营销模式有固定的玩法,比如央视的"标王"就

是要几个亿,那么一般小品牌都是玩不起的。没有那么多的营销费用支持,也就意味着大品牌在营销方面具有很强的雪球效应,越大的品牌越有资金,越有资金的品牌越有投放媒体的实力,投放的媒体越多,越能为品牌带来知名度。数字化营销时代,则给了很多小品牌机会。故宫火了,野兽派火了,这些都不是财大气粗通过砸钱做火的品牌,而是在社会化媒体中独辟一条路,做出了自己的特色。虽然不能改变财大气粗的品牌砸钱铺渠道,但是小品牌至少有了很多在数字化营销战中脱颖而出的机会。

6.1.2 企业如何玩转数字化营销

1. 双微一抖是数字化营销还是KPI?

"双微一抖"是企业数字化运营的标配;说到数字化营销,大部分品牌想到的都是微博、微信,几乎所有的企业都开通了自己的官方微信和微博,因为微博、微信开通成本低,运营成本也很低。但是大部分品牌运营的微博、微信账号基本上说是没有任何价值的,纯粹是出于内部部门KPI考核的要求。大部分账号没有粉丝基础,纯靠一个兼职人员运营,也不可能运营成一个大号。这就是大部分企业运营微博、微信的现状。

2. 自媒体矩阵搭建

有实力的大品牌基本上都建立了自己的自媒体矩阵。从品牌领导人到产品细分领域,从微博的矩阵到微信的矩阵,都建立了一套完整的数字化运营账号。对小企业来说,可能一个人要兼顾微博、微信、抖音等多个数字化渠道的运营。大品牌则早就成立了专门的数字营销部门,好几十号人来运营这些数字化媒体的矩阵。以小米为例,大家都说小米的网络营销做得好,到底小米的网络营销哪里做得好呢?盘点一下小米开通的数字化账号,只要是能想到的媒体渠道(微信、微博、抖音、网易号、知乎、B站……),小米都开了官方账号,而且都运营得有声有色,已经具备了一定的粉丝基础。除了小米官方账号外,小米还有小米商城等各种账号在运营,可见小米的数字化矩阵的强大。

3. KOL渠道资源的投放

除了企业之外,数字化媒体时代还存在着一大批媒体账号、KOL账号,这些账号对企业营销来说，都是一种渠道资源。依靠品牌本身发出的能量还是很薄弱的，所以很多品牌在做一些活动的时候，会选择媒体资源和KOL同时传播数字端的营销活动。比如先由品牌自己发起一个微博营销活动，然后再联合行业内的KOL一起转发助推整个活动。当一个活动被助推起来以后，那么平台本身的各种资源就会去匹配这个活动，比如各个平台的热搜榜。

6.2 数字化营销案例解析

6.2.1 微博营销：营销界的老司机杜蕾斯

微博开放性的特点决定了在微博很适合做热点营销和娱乐化营销。根据我自己运营微博的经验，只要微博内容和明星、热点事件有关，就很容易蹭到明星和热点话题的流量，微博的阅读量会是平时的十几倍。

微博的特点

1. 微博具有强大的明星属性

微博一开始流行起来的时候，就是利用了明星的力量。普通人可以窥探明星的"隐私"，也就是在微博上明星随时会上传一些自己个人的生活信息，和粉丝进行互动，粉丝可以在信息下面评论，也可以转发这条信息，运气好的话，自己@明星的，会被明星转发甚至回复。这是微博前期得以快速发展起来的基础。我就有好几个朋友因为可以关注明星才开通了微博账号。基于这样的"发家史"，直到现在微博还是具有很强的明星化属性，明星随便发个表情，都有好几万的转发和评论。明星一公布婚讯，微博还会宕机。例如，2018年10月16日赵丽颖和冯绍峰公布婚讯，微博就因为访问量过大而宕机了。

2. 微博具有很强的开放性

微博能够迅速发展起来的另一个原因是它具有很强的开放性。以前的社交媒体上都是要互相加为好友，才能去看对方的内容动态，而访问以后还会留下访问记录,如 QQ 空间、人人网。微博不一样,具有很强的开放性,不管你和对方是否好友,都可以随时查看对方的内容,而且查看对方内容以后还不会留下访问记录。

3. 微博具有短平快的特点

直到现在,每条微博的字数限制还是 140 字。这使得微博的内容碎片化,随时随地都能发一条微博,各种各样的心情也能发微博,这种特点又会使得微博的大部分内容深度不足,很多深度好文基本出现在微信。再加上微博内容很容易转发(一键转发),容易创作,微博的内容就越来越碎片化和重复化。

4. 微博具有很强的爆发性

微博的开放性使得微博的内容具有很强的爆发性。即使现在微信、抖音其他平台都做得风生水起,但是只要遇到突发性的热点,舆论最先爆发的阵地还是在微博。因为微博可以转发、可以围观,只要一个按钮就可以传播这个事件,可以迅速推动事件的发展、舆论的走向。另外,微博的热点榜和搜索功能都使得其成为舆论爆发的重要阵地。特别是明星动态、社会事件等热点的第一爆发阵地还是在微博。

那么企业如何利用这些特点,更好地运营微博,最大限度地为自己的企业发声呢?那么就不得不说社会化营销的"老司机"杜蕾斯了。不管是在百度还是微博,只要搜"杜蕾斯"三个字,它的关联搜索必有"杜蕾斯蹭热点""杜蕾斯文案""杜蕾斯广告"以及"杜蕾斯官方微博"。可以说,杜蕾斯在中国的成功离不开社会化媒体的兴起,杜蕾斯在微博运营上可以说是教科书级别的案例了。

1. 热点海报的及时性和趣味性

毫不夸张地说,当热点爆发时,有人专门去看杜蕾斯蹭了没有来判断这个热点的热度够不够,杜蕾斯热点营销"老司机"的形象已经深入营销人的心了。杜蕾斯已经把趣味热点海报运营做成了一个属于杜蕾斯的大 IP。每次杜蕾斯都很及时,几乎都是在热点出现后第一时间就在微博发布海报。根据采访得知,杜蕾斯热点团队运作都是提前筛选热点,然后确定热点,并且提前做好几套热点的海报方案。你看到的是一张海报,但是杜蕾斯很有可能准备了三张不同版本的热点海报。比如蹭苹果发布会的热点，杜蕾斯早就在发布会前准备好了海报，当然也会根据热点的特性做适当的调整。另外一个吸引用户兴趣的则是海报的隐晦性，很多海报网友都直呼杜蕾斯的海报看不懂，每一次海报出来的时候都给用户留下很大的想象空间和讨论空间。

2. 微博运营者的调皮互动

微博算是品牌营销的一个分水岭，微博出现之前大部分品牌营销都是给人高冷的姿态，都要营造自己高大上的形象，微博出现以后品牌再也不用高冷的方式和用户说话了。各个品牌都化身为一个一个有血有肉的形象，好像朋友在和你对话一样。这种调皮风格，除了杜蕾斯使用之外，还有海尔、支付宝等其他微博账号。凡是运营得好的微博，趣味性都很强。杜蕾斯运营者经常在评论区进行留言反馈，说明它乐于与粉丝打交道，想进一步拉近彼此间的距离，塑造平易近人的形象；而且，让粉丝有被尊重或受重视的感觉，得到官方的认可，会更积极地参与讨论。

3. 创意玩法新花样

杜蕾斯在2017年感恩节做了一波一个教科书级别的案例。在感恩节当天杜蕾斯放了个大招，一口气调戏了13个品牌。每小时推送一张和品牌相关的海报@官方微博，从上午10点开始，一直持续到晚上10点。这个案例一下子刷爆了整个微博。第一，杜蕾斯的玩法很新颖，感恩节当天大家都还在做海报，杜蕾斯做了一波和13个品牌互动@的营销，这是一个创新的玩法；第二，被@到的品牌互动性和回应度都很好。第三，不管是杜蕾斯本身还是被@到的品牌，这一波的文案都写得很有深意，耐人寻味。

杜蕾斯@的13个品牌和文案：

感谢@箭牌口香糖，感谢你这么多年一直默默地做杜杜的掩护。

感谢@德芙巧克力，是你带来了一切的开始。

感谢@士力架，你的490cal给予的能量。

感谢@Jeep，有你才有翻山越岭后的翻云覆雨。

感谢@Levi's，感谢你贴心的小口袋。

感谢@美的，有你才能生米煮成熟饭。

感谢@宜家，你的菲亚伯会议椅扶手的角度让人无法自拔。

感谢@山西老陈醋，你的醋意才是在乎的味道。

感谢@老板，感谢你的大吸力，让厨房舒服得像床。

感谢@飞亚达，感谢你的准点报时。现在时刻：北京时间19点整。（7点钟的新闻联播）

感谢@HBO，感谢你的每一个镜头。（HBO为美国某电视台，专门出重口味美剧）

感谢@百威，让夜晚不再寂寞。

感谢@NASA，感谢你一次次代表人类射向宇宙。

这个案例的经典在于，很多品牌在收到杜蕾斯@以后，纷纷开始回复。

绿箭是这波好友当中第一个正面回复的，表示不用谢！感谢@杜蕾斯，有我，尽管开口。

接着，Jeep也不甘示弱。感谢我杜@杜蕾斯，真男人，"活"彻底，不用"套"路。

> **杜蕾斯的微博营销**
> ☐ 实时发布热点海报并适当调整
> ☐ 经常进行留言反馈，趣味性强
> ☐ 富有创意地与其他品牌进行互动

图23　杜蕾斯的微博营销

6.2.2　微信营销：百花齐放成就一代媒体人

因为新浪微博开放，信息太杂乱，很多人不愿意在一个开放的平台上和陌生人分享自己的生活。微信朋友圈应运而生，大部分人把社交的阵地从微博转移到了微信。微信一开始对于社交的定位就是一个相对封闭的社交空间，朋友圈的内容仅自己的好友可见，并且不能一键转发朋友圈的内容，所以当时很多人觉得微信的隐私性更好，也更乐意和朋友分享自己的心情。当然，随着微信好友越加越多，微信朋友圈营销更是无孔不入，大部分人的朋友圈早已经变成了企业的一个内容宣发平台。微信朋友圈再度被广告信息污染，很多人开始逃离，寻找下一个社交战场。

微信的特点

1. 更适合做深度的内容

和微博的短平快内容不一样,微信更适合做深度的内容。微信经常能出一些深度文章,虽然文章很长,更不是趣味搞怪类内容,但是传播得很好,阅读量也很可观。这说明用户在微信端还是在接受一些深度类的资讯内容的。尤其对于媒体运营者,微信就更适合做深度内容了。

2. 微信可以做服务营销

很多企业并不做微信订阅号,而是直接开通微信服务号,通过为用户提供必需的服务而留住用户。比如南方航空、招商银行信用卡,就是做服务号的企业,他们的微信服务号已经具备了很完善的功能。以招商银行的服务号为例,用户可以在服务号上直接查额度、查欠款、查积分,相当于一个小的APP功能。招商银行对账号的定位也很明确,就是做功能类服务的账号,为用户提供强需求的服务,用户的黏性自然很高。

3. 微信具有很强的延展性

直到现在微博的大概功能还停留在发140字的微博内容上。微信凭借着强大的腾讯系统做后台,早就已经迭代出各种各样的形式。微信的版本更新非常快,每迭代一次,基本有一个新功能。这就决定了一个企业在微信端做营销,可以有很多的选择。一个拥有了大量粉丝的微信公众号,可以在微信上做很多延展,可以做地图导航、门店服务、小程序、电商、游戏……微信不断增加新的功能,让微信成为更大的营销体系。

4. 微信营销的形式多样化

之前通过短信、报纸、杂志、网站发送的广告都很单一,无非就是文字和图片。但是微信渠道,不但可以发文字,还可以发图片、语音、视频,更高级的可以发图文,图文的正页可以放各种视频、图片、文字等,这就决定了企业可以选择的广告形式非常多。例如,企业可以选择自己做微信公众号积累粉丝,然后做各种延展性营销,也可以选择大号进行广告投放,而且形式多种多样。VIVO和咪蒙合作,做过一个金句类的头图广告,定时定点出现在咪蒙推送的文章里。还有纯图文的软文广告形式,顾爷做的图文前面都是用户比较感兴趣的内容，最后会出现广告内容。还有纯推文的广告形式，比如黎贝卡做的推广栏目就属于纯广告性质的内容推送。

5. 流量大，用户精准

朋友圈除了日常朋友推送的内容，每天也会有1～2条广告内容，这个广告内容是企业主自主选择投放的。企业可以根据投放对象的城市、年龄、人物特征等来精准投放。比如我经常收到杭州婚纱拍摄类的广告，因为根据大数据显示，我是经常在杭州活动的适婚女青年，所以对于婚纱摄影类商家来说，我就是他们的精准客群。

6.2.3 搜索引擎营销：众里寻他千百度

有问题找"度娘"，几乎是所有人的第一反应，这就是搜索引擎的价值。搜索引擎通常也被认为是"互联网的入口"，因为谷歌退出了中国市场，搜索引擎市场可谓是百度一家独大。但是因为搜索引擎的流量入口巨大，其他互联网公司都想要分搜索引擎的一杯羹，比如搜狗。随着微信信息的逐步增大，越来越多的人除了百度之外还会选择去微信搜索，微信也做了热门词汇的热度比对等。因为百度是主要的搜索引擎入口，所以这一小节还是会具体谈谈百度搜索引擎营销该怎么玩。

1. 竞价排名

把推广费用直接给搜索引擎公司，由搜索引擎公司把与公司相关的搜索结果放到尽可能靠前的位置，甚至专门为竞价企业做专版广告，想必各位都领教过这些有多厉害。百度魏则西事件就属于典型的竞价排名引发的，搜索医院排在百度前面的大多属于莆田系，这是因为莆田系医院出价高，所以排名才会在前面。百度，非行业热词的竞价就可达10万元人民币/月，很烧钱，但是效果很明显，尤其是在搜索的时候，用户一搜索关键词，就在首页出现对应的广告，这就是比较精准的搜索。

2. 关键词优化

除了直接砸钱之外，还有很多SEO搜索引擎优化的方案。对关键词的优化以及对网站的优化,都有助于排名靠前。

3. 通过搜索关键词来了解消费者

搜索引擎的大数据可以告诉一个企业,哪些产品正在被搜索,人们正在关注哪些相关的信息、热点,然后可以依此实现有效的精准的广告投放。如欧莱雅集团发现很多消费者在搜索"玻尿酸",截至2015年11月,搜索的人越来越多,大家都开始不再避讳对"玻尿酸"的好奇与好感。看到这些数据,欧莱雅携手百度针对此需求做了一期市场活动。打开手机百度,搜索"范冰冰"或"玻尿酸"后,出现酷炫的动画效果,女神真的会跳出来哦!

6.2.4　把真金白银留在社交端:星巴克的用星说

在社交领域,品牌更多的是想做传播、想发声,一般来说,营销是一个花钱的部门而不是一个赚钱的部门。星巴克的"用星说"则开启了社交付费的营销模式。先简单介绍一下"用星说"这个产品:这个主打的概念是你可以在社交网络上请朋友喝一杯咖啡。你可以在星巴克的微信公众号选择不同卡面(文案和画面不同)的不同种类的咖啡产品,选择支付,然后通过微信赠送给朋友,朋友收到以后,就可以拿着这个虚拟卡面去线下门店兑换咖啡。这就是请朋友喝一杯虚拟咖啡的逻辑。第二种选择则是送朋友一张星礼卡,价值从50～500元不等,虚拟礼品卡具有支付功能,可以购买星巴克实体门店出售的商品。这两个产品在中国大陆都通用。所以可以说星巴克的"用星说"开启了社交营销真金白银的付费时代,完全具有不同的意义。这一小节就来聊一聊社交付费的营销。

社交付费的特点

1. 用户转化的链条很短,即看即买

在网络上做营销,想要把人拉到线下消费,因为整个环节太过漫长,所以转化率极低,是每个市场营销人的痛点。既然让消费者去线下消费的转化链条那么长,那么就让消费者在线上消费吧。咖啡这种完全依托线下门店实时销售的实体产品怎么在线上消费呢?虚拟产品的赠送!虽然当下因为时间或空间限制不能请朋友喝咖啡，没关系，我当下还是想表达我的心意（比如生日祝福、感谢、鼓励），通过微信赠送的方式，隔空帮好友买单，好友则可以在空闲的时间，到自己喜欢的门店，自行去现场兑换这份礼物。当下因为环境原因不能消费的人群，就这样在线上被挖掘出来了。

2. 社交付费是能够真正产生销售额的一种营销模式

大部分营销很难以一个具体的方式去衡量，大部分营销最后的结案报告是关于品牌曝光量的提升，品牌知名度的提升，品牌美誉度的提升，这些既不能产生立竿见影的效果，又不能用实实在在的销售数据去衡量，所以就导致很多营销都是浮于表面。对于营销是否能真正产生销售额、是否能引导转化，很难衡量。但是社交付费的营销方式则不一样，星巴克针对某一个节点做了一波"用星说"的推广，那么到底有多少人通过这波推广购买了产品，是有具体的数据去衡量的。

3. 做社交付费营销的前提

既然社交付费能让营销产生真金白银的销售，那么每个企业都去尝试一下吧。这肯定是不行，要做社交付费的品牌必须基于以下几点：门店数量庞大，因为很多消费者是在线上进行付费，去线下消费，所以对于用户来说最好是能随处找到门店去消费这个产品。当时喜茶推出和星巴克"用星说"差不多的礼品卡时，我认为这个营销方案对喜茶来说并不适合。喜茶的门店数量有50家左右，根据礼品卡上的程序显示，可使用礼品卡的门店只有43家，除了杭州、上海之外，大部分门店集中在珠三角，以广州、深圳为主，其他城市基本找不到可以使用喜茶礼品卡的门店。那么就意味着很多收到喜茶礼品卡的用户消费起来非常麻烦，很有可能为了消费一杯喜茶，还得跨城市跑，这样想想也就不太现实了。星巴克则不一样，星巴克在中国的门店数量大体在2600家左右，在县级市都能找到星巴克的门店，随便一定位就能迅速找到附近的可以使用礼品卡的门店。礼品卡虽然能通过线上社交付费，但是最终要落实到门店消费才能完成一个消费闭环。只有被完整消费掉了，才能真正触发第二次消费。门店数量少会导致消费者体验不好。那么线上社交付费就没有什么意义了。还有一种能在线上完成消费的营销模式，比如线上课程的卡、游戏的卡完全可以做社交营销。

6.2.5 社群营销：物以类聚，人以群分

说起社群营销，其实早在微信群之前就存在社群营销。大学开学初，我们都会加入很多新生社群，在群中有很多学长学姐们免费为新生提供各种答疑。到最后我们发现这个群就是学长学姐们为推销自己的产品而建立的，帮助新生是一方面，向新生推广自己的产品才是真实的目的，比如电话卡、二手书、生活用品等。社群营销就是把一批相对精准的用户（兴趣爱好相同，有共同的需求）通过某种形式（微信群、QQ群、线下活动等）聚集起来，然后为这一群体提供实体或者虚拟的服务，使得他们具有极高的黏性，最后再展开营销。

从微信群开始兴起以后，社群营销成为一种热门的营销，尤其是微信群刚开始的时候，一下子建立一个500人的群，然后再通过500人的群裂变出几十个群，再通过这几十个群传播相关内容，可见社群营销整体的传播效果非常好。

在微信群裂变的营销概念兴起以后，社群营销就成了营销领域炙手可热的一种营销模式。增长黑盒公众号里提到过一个案例，万门大学利用人工智能与Python免费课程，12小时裂变为2000个群（20万人），然后利用机器人的方式引导这些人关注销售员的个人微信号（有10万人关注销售个人微信号），再通过销售员跟进这些客户。相当于通过一次微信裂变营销积累了10万个有效的潜在优质客户。

除了线上的微信裂变式社群营销，也包括线下的高端的社群营销。有些社群是比较高端的，比如车友会。这些社群不像微信社群营销那样大的基数，但是作为高端的用户群体，整体的消费能力很强，而商家在运营这些社群的时候，通过组织一些大型活动来提高了用户对品牌的忠诚度。比如奥迪组织过购买奥迪高端系列产品的用户去西藏自驾游的活动，说到底也是为了提高用户黏性，增强这群人对奥迪品牌的忠诚度。他们转介朋友来购买奥迪车，甚至他们为自己的家庭购买第二辆奥迪车。

1. 社群营销需要通过工具进行辅助

很难想象有些公司运营着十几万人甚至几十万人的微信群，如有书共读

有 15 万人,所以如果要进行微信群裂变式营销,一定要借助微信群的营销工具,否则的话维护的工作量非常大。微信群营销的工具主要是机器人群发、引导等功能,随着社群营销的火热,这些营销工具自然而然地被开发出来了。有需要的可以自行搜索,本书不再一一介绍。

2. 社群营销基于比较精准的用户群体

相比其他广告投放、地推扫街等形式,社群营销的前提是用户对于你营销的某样东西有共同的需求。以营销课程为例,大部分看到营销课程海报或者被朋友拉进群的人都是需要学习这门课程的人,对于营销人员来说,这些人都是潜在客户,然后通过建立一个社群为这批人提供服务,比如说提供免费的营销类书籍等,把他们留在这个社群里,然后再慢慢进行营销,开发这批客户的消费能力。

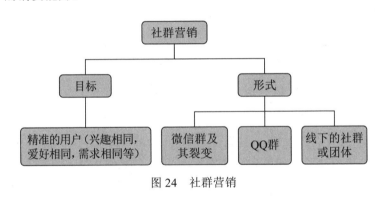

图 24　社群营销

6.2.6　电商营销:一切只向销售额看齐

现在各个电商都在搭建自己的内容平台,想借助内容来做营销,如电商自带的内容平台、直播平台、达人推荐等。但是不管电商的营销形式怎么变化,电商营销的一个本质则是用更少的钱得到更加精准的流量,所有电商形式各异的营销都是为这个本质而服务。

电商平台的营销有以下三种形式。

1. 电商自带的内容平台

因为微博、微信导流到电商平台存在一个转化的流程,所以各个电商平台都已经不满足于只做微博、微信的内容，纷纷搭建了自己的内容平台。比如淘宝的微淘、京东的"发现"。微博、微信、抖音这些内容平台除了商家之外，还有一批KOL、媒体等的入驻，所以既有实质性可阅读的内容，又有营销类的内容。但是电商平台自带的内容，基本上都是与产品相关的内容。用户很直接，我关注这个平台，就是为了看这家有没有新品、有没有好玩的产品，并不需要从电商平台获得趣味性的资讯性内容。所以很多电商平台的内容并非原创性内容，而是公司对其他平台创作的内容的二次运用。不同平台的运营规则也不一样，但对于商家角度来说都属于乙方，需要随时跟进甲方对内容的要求，比如现在淘宝比较注重短视频，所以凡是在微淘发布短视频类内容就会获得淘宝的推荐，也就意味着有更大的曝光量和阅读量，这就是变相地引导商家往短视频内容的方向发力。

2. 直播平台，边看边买

淘宝直播是阿里推出的直播平台，定位于"消费类直播"，用户可以"边看边买"，涵盖的范畴有母婴、美妆、潮搭、美食、运动健身等。淘宝直播上，有网红店主们对粉丝们介绍服装搭配的知识，有法学博士菲宝与粉丝们沟通化妆心得体会，有健身达人陈暖央直播健身技能，有音乐达人和书画达人通过直播进行音乐及书画教学，还有全球购达人带着粉丝们逛梅西百货、漫步时尚之都的街头。淘宝直播比淘宝的详情页更有互动性，也更直观。所以，现在直播成为店铺抓取流量的一个重要的入口。

3. 直通车等流量渠道

电商营销还有一个很重要的方式，是大部分电商人不能绕开的——烧钱买流量。以淘宝的直通车为例，淘宝直通车是一种按点击付费的效果营销工具，为最终卖家实现宝贝的精准推广而服务。淘宝直通车的竞价结果不只可以在雅虎搜索引擎上显示，还可以在淘宝网以全新的图片及文字的形式充分展示。每件商品可以设置200个关键字，卖家可以针对每个竞价词自由定价，并且可以看到在雅虎和淘宝网上的排名位置，排名位置可用淘大搜查询，并按实际被点击次数付费（每个关键词最低出价0.05元，最高出价是99元，每次加价最低为0.01元）。直通车的形式和百度的搜索引擎很像，出钱使得自己的产品被用户搜索到，直通车是用户点击以后才付费的，直通车相比搜索引擎，与商品有更强的关联性，更能吸引潜在买家。直通车是一个很烧钱的玩法，关于如何玩好直通车可以写一本书，这一小节只是简单介绍。

6.2.7 抖音营销：小视频流量风口正当时

在抖音和快手蹿红之前，短视频的鼻祖可以说是papi酱。当时图文形式占据了整个微信公众号，papi酱的趣味类短视频一推出，立刻吸引了大量的粉丝和用户的好奇心。

papi酱发展的进程如下：

2015年10月，papi酱开始在网上上传原创短视频；

2016年2月，凭借变音器发布原创短视频内容而走红，被称为"2016年第一网红"。

2016年4月21日，papi酱与罗辑思维创始人罗振宇、杨铭等合伙人决定对其第一次广告进行拍卖，最终以2 200万元卖出。

可见2016年的时候papi酱就已经成名了，当时的抖音还处在萌芽阶段。2017年是短视频爆发的元年，有南抖音、北快手的说法，小视频类内容蹿红特别快，各大品牌除了微博、微信之外，也开始运营抖音账号了。比较大的品牌，现在都已经在抖音开辟了自己的阵地。很多大品牌纷纷入驻抖音，有些品牌已经积累了几百万的粉丝，而有的品牌则刚刚进行这个新领域。所以这一小节就来谈谈抖音的营销。

抖音营销的特点

1. 抖音是个新的营销阵地

微博、微信可以说基本饱和了，因为用户总量已经达到饱和了，粉丝也非常固定了，想要增长非常困难，所以很多新媒体营销负责人对于微博、微信的营销要求是收阵地。对于抖音的要求则是开辟新的阵地。营销有一条原则，消费者的关注点在哪里，就要去哪里做营销。现在很多年轻人沉迷于抖音无法自拔，很多人下班以后刷抖音，一刷就是几个小时，消费者投入时间长的产品，必然是品牌必争之地。从现阶段来看，抖音还处于可以快速增粉的阶段，抖音做得好的，阅读量和点赞量也特别大，而且现在在抖音还没有形成寡头垄断的局面，每个品牌都还有机会。当然有些品牌领先在抖音占据了一席之地，比如手机领域，以互联网营销著称的小米，抖音账号粉丝已经达到百万级别了。

2. 抖音的内容很粗糙

和品牌的 TVC 广告片不同，一个品牌的 TVC 广告片都是大制作、大预算、大投入，但是抖音的内容则是短平快，内容的原创性不高，很多都是模仿的或反复拼凑的，比如抖音上有一系列模仿薛甄珠的短视频，不同的人都在模仿，虽然内容是一样的，但是不同的人模仿就会产生不同的趣味性，所以用户还是乐此不疲，反复观看。抖音的拍摄不需要专业的摄影设备，拿起手机就可以拍，抖音这个 APP 也有很多自动的功能和音乐，使得制作一条抖音内容的成本很低，速度很快。

3. 抖音已经有 KOL 开始接广告了

除了品牌自己运营的抖音账号外，和微博、微信一样，抖音也有了一大批 KOL，而且有媒介公司为这些 KOL 抖音账号报价。只要有一个新平台出现，必然会孵化出这样一群 KOL，最终成为企业发声的一种方式。

6.2.8 H5 营销：玩法层出不穷，网易一枝独秀

大部分 H5 是基于微信端而传播的，当然通过改变代码 H5 也是可以在微博端、微淘端传播的。基于 H5 创造了大量经典的营销案例，再加上它并不完全归属于微信端，所以这一小节把 H5 营销单独拿出来讲。

H5 一直在进阶，一直有唱衰 H5 的声音，但是每每刷屏的案例往往又都是 H5。全景沉浸、一镜到底、交互动效……一次次的刷屏惊喜让营销人欲罢不能，竭尽全力去探索新的可能性。

大部分 H5 都需要用户自己参与，所以相比于单纯的内容输出，H5 的交互性非常强。现在 H5 已经过了拼技术、拼制作的阶段，大部分刷屏级 H5 都非常轻量，制作简单，刷屏的原因主要在于创意和用户产生互动性和共鸣。虽然一直在唱衰 H5，但是在目前来看，在微信端传播最好的交互形式依然是

H5，只要有好的创意，H5 还是很容易被引爆。这是由微信的特点决定的，在微信端 H5 是最方便转发和传播的。H5 的出现养活了无数小型的创业公司，很多公司是专门承接 H5 需求的，说明 H5 制作的需求量很大，但是 H5 对于很多公司来说有很大的传播困难，H5 玩法进入下半场以后，刷屏级 H5 大部分还是出自大公司——腾讯、网易、阿里，这说明 H5 的传播很依赖前期的种子用户，而大部分小公司的 H5 基本处于自嗨状态。

从 2014 年至今短短 5 年，各大品牌挖掘出了 H5 的无限潜能和玩法。这一小节会以每个阶段刷屏级的案例来探讨。H5 主要经历了以下四个阶段。

1. 2014 年，初级阶段，简单的互动

2014 年可以说是 H5 的元年，微信的封闭性导致微信朋友圈的营销功能一直没有被挖掘出来，所以各大品牌都在尝试各式各样的营销方式。例如，特斯拉做了一个精美图片＋简单的翻页效果，可以说是开启了品牌 H5 的花样玩法。特斯拉做的是一个简单的"会动的 PPT"，之后 Burberry 的《从伦敦到上海的旅程》的 H5 动效可以说是当时的极高水平，以现在的水平来看可能不值得一提，但是当时和"会动的 PPT"相比，增加了很多交互的体验。再加上大品牌的画面效果，当时它刷爆了朋友圈。自从 2014 年 7 月小游戏《围住神经猫》刷爆了朋友圈，H5 小游戏风行天下。当时此 H5 小游戏上线 48 小时，PV（Page View，页面浏览量）达 1026 万。

2014 年，H5 的玩法是基于微信封闭的环境而延展出来的一个互动形式。这一阶段，各个品牌都还不活跃，经典刷屏级案例也不多。

2. 2015 年，创意玩法层出不穷

到了 2015 年，各大品牌纷纷加入 H5 玩法大冒险的队伍中，探索出了各种各样的 H5 玩法，H5 创意层出不穷。这一年挖掘出的 H5 呈现形式基本占据了现有 H5 形式的 90% 以上。"××照""答题测试""视屏互动""场景模拟""虚拟场馆""拆文解字""双屏互动""录制语音""私人订制"等 H5 中能拿来做文章的元素几乎被拆解殆尽。

3. 2016 年，互联网巨头雄霸天下

2015 年 12 月，网易娱乐推出《我要上头条》H5，用户在页面中输入自己的姓名和性别，即可生成一条以自己为主角的网易娱乐新闻，刷爆了朋友圈。

这开启了 2016 年互联网巨头瓜分 H5 营销阵地的征程。2016 年，H5 的刷屏级案例几乎来自各大互联网巨头。2016 年，《我和微信的故事》开启了年度总结 H5 中的"数据盘点型"流派。阿里在 6 月份推出了《淘宝造物节》，10 月份推出了《"双十一"邀请函》，两个都是技术画面超一流水准的 H5。

4. 2017—2018 年，H5 营销领域一枝独秀——网易

2016 年，各大品牌还在拼技术、拼制作、拼实力，各大互联网巨头公司还有各种参与。那么到了 2017 年，网易团队凭借创意独霸 H5。2017 年 6 月，网易的儿童节策划《这是成年人不敢打开的童年》，玩了一把童年动漫串烧，瞬间撩起无数人的怀旧情结。9 月份的《深夜，男同事问我睡了吗……》、11 月份的《入职第一天，网易爸爸教我做人》和 12 月份的《入职半个月，网易爸爸让我怀疑人生》打开了 H5 戏精脑洞的玩法。网易每一个火爆的 H5 出现之后，总能引起 H5 营销圈的一股模仿风潮。当大多数公司还在模仿网易戏精玩法的时候，网易又开启了 H5 的新玩法。2018 年初，《2017，我的网易云音乐听歌日记》刷爆朋友圈。2018 年 4 月，网易云音乐的《嗨！点击生成你的使用说明书》再次攻占朋友圈，上线当日 PV 轻松破千万。3 月的《我的工位，桌上有刀，桌下有猫》、4 月的《睡姿大比拼》，以及 8 月份的荣格测验又刷屏。可以说，2017—2018 年，网易在 H5 营销领域一枝独秀，而这些 H5 营销也不再单凭技术和精良的画面制作而取胜，拼的更多是创意。网易出一次创意，其他公司在它的创意之后跟着玩一阵 H5。

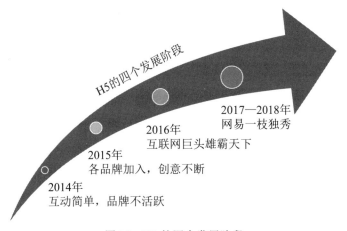

图 25　H5 的四个发展阶段

第7章 营造生活的仪式感理解节假日营销

本章会从时间的角度谈节假日营销的特点和重要性。生活需要仪式感，节假日是营造仪式感最好的时机，过节的意义是帮助我们表达情感、创造生活的趣味性。"有节过节，没节造节"更是现在营销人热衷于节假日营销的一个真实写照。节假日营销有多种呈现方式，不同的商品、不同的商家有不同的玩法。

7.1 节假日营销基础知识

7.1.1 何谓节假日

节假日划分为四种。

一是法定的节假日,如元旦、春节、清明节、五一劳动节、端午节、中秋节、国庆节,这些都是大家耳熟能详的节日,而且很多节日有其独特的内涵和意义。这些节假日都有假期。

二是专属于某一个群体的节日:三八妇女节、儿童节、七夕节、父亲节、母亲节、建军节、教师节、重阳节,这些节日属于某一个特殊群体,一般都没有假期。

三是外国舶来的节假日:"2·14"情人节、复活节、万圣节、感恩节、圣诞节等,这些都是外国文化里的节日,但是因为商家助推,越来越多的外国节日成为商家营销的重要节点,比如情人节、圣诞节。

四是商家自己造的节:"5·20""双十一""双十二""6·18""8·18",还有黑色星期五、开学季、周年庆等,这一类就属于人为造出来的节日,过的人多了,也就变成了节日。这类节日带有很强烈的商业特质。

每一个节假日的特性不同,商家品类就不同,每一个节假日对不同的商家有着不同的意义,比如男性用品,那么父亲节就是一个重要的营销节点。如果是女性用品,那么三八妇女节、母亲节则是重要的营销节点。对于一线品牌和化妆品来说,情人节则是一个比较重要的营销节点,因为他们的产品大多被作为礼物送出去。根据不同节假日的特点,营销的形式也会有所不同。

7.1.2 为什么要做节假日营销

1. 营造节假日氛围，仪式感

节假日营销是指在特定时期，利用消费者节假日消费的心理进行营销的一种方式。

对零售企业的企划部来说，经常存在着这样的困扰，节假日营销做不出新意，要么和往年一样，要么和竞品雷同。每逢重要节假日，其他零售企业都在做营销，如果自己不做，那么自己的店铺就会显得冷冷清清。然而自己策划的营销方案往往没有新意，浪费时间，浪费活动成本，收效甚微。即便如此，为什么还有那么多企业前仆后继地做节日营销呢？原因就是帮助用户营造生活的仪式感。送不送花，生活都能过，可是有很多女性渴望收到花；过不过节日，生活都得过，但是无数的女性渴望收到礼物，无数的人渴望过节日。这就是现在很流行的生活理念——为平凡的生活增添仪式感，这种仪式感往往能增加受众的幸福感。对零售企业来说，做节假日营销就是为自己的消费者营造仪式感，为他们平淡的生活增添趣味性。每年提醒我圣诞节快到了的不是我的日历，而是商场的圣诞节美陈；有时候心情比较低落，但是看到商场的美陈，整个人会开朗起来，很多时候会因为这些美陈而感到生活充满活力和新鲜感。所以商场需要时不时地创造一些节假日的氛围，让消费者感觉这是一个节日。中国人本来就比较内敛，不善于表达情感，所以很多特殊节假日都是很好地表达情感的节日，比如父亲节、母亲节、情人节。很多节日的设置就是让我们去享受节日的幸福感，促使我们去表达情感。所以这时候，商家是需要帮助消费者准备节日礼品的，为他们提供贴心的礼盒包装服务，提供令人惊喜的小礼物，提供贴心的祝福语卡片。消费者不仅需要自己感受节日的仪式感，他还需要和自己亲密的人分享这份仪式感。这就是零售商做节日营销的意义。

2. 优雅地打折，不伤害原价购买的用户

前面提到的更多的是从节日氛围的角度让消费者感受节日的仪式感。除了仪式感外，节假日往往伴随着打折，这也是消费者喜欢在节假日逛商城的一个主要原因。产品刚上市的时候，基本上都是原价出售，是产生利润的最好时机。产品在市场上销售一段时间以后，就会出现不同的反馈，有些成为畅销品，有些会出现小面积滞销。这时候企业就会考虑通过适当地打折来推动滞销品的销售。但是直接打折会显得简单、粗暴，不管是对原价购买的用户还是对购买折扣商品的用户，体验都不好。原价购买的用户看到产品打折就会觉得自己购买的产品贬值了，刚要买打折产品的用户会怀疑产品是滞销品。

这时候，节日营销的作用就发挥出来了。比如情人节，给一个原价800元的产品做了一个情人节专享价520。这时候购买方的心理感受就完全不一样了，这个产品是为了表达爱意而做出的折扣。对于原价购买的用户来说，看到商品因为这个原因有个专享价，内心也会觉得情人节嘛，这是很合理的。但是归根到底，这就是一个打了65折的行为，是节日营销美化了这种行为。

3. 消化滞销品让用户有一种超值的感觉

只要是零售企业，就不存在零库存的概念。正常情况下，不可能每一件产品的订单量和门店消化量是完全匹配的。只要产品上架，就会存在畅销或滞销；有断货的产品，就会有库存的产品。库存就是现金流，很多企业倒闭都是被库存压垮的。

零售商会想各种办法来售卖这些滞销品。举个例子，我在日本百货店，看到很多门店做出了年终福袋这样一种促销形式，福袋的产品，在产品配置上让人感觉很超值，非常有购买的冲动，但是每个福袋里都配置了滞销款。衣服、包、电器都有做福袋促销的活动。年关临近，正是商家清库存的最好时机，商家不想以特别低的折扣来售卖这些滞销品，所以采用这样一种名义上的年终福袋，实际上是强制售卖滞销品的一种方式，这样就能以优雅的方式清库存。这个营销方式就是让滞销品搭着节假日的营销而销售出去。

说到底，做营销就是为了让生活更有趣味，让消费者感受愉悦。即使每年都是一样的营销形式，到了相应节假日的时间点，商家还是得做营销。对消费者来说，这种仪式感大多时候来自商家营造的氛围。

7.2 节假日营销案例解析

7.2.1 花式促销纷繁复杂,省钱还是剁手

平时大多数消费者是周一至周五上班的,所以很多需求会被压制到周末或者节假日。这是节假日营销盛行的重要原因,消费者被压制的消费需求在节假日需要得到释放。这时候商家稍微做些营销活动,就能促进销售的转化。所以节假日营销中最常见的形式就是促销。促销的方式有很多种,买赠、折扣、满减、赠品都属于最直接的给消费者优惠的形式,也是最容易打动消费者的营销方式。有时绞尽脑汁地策划营销创意活动,不如直接打出5折的效果好。

促销的本质是让利于消费者,但是促销形式千变万化。商业的本质是尽可能多营利。虽然这一次让利于消费者,但目的是让消费者后续多次消费。这一小节具体介绍针对不同的需求,应该采用什么样的促销形式。

1. 吸引新客

吸引新客的促销形式有买赠、礼品、直接折扣。新客对于产品是没有信任度的,所以第一次购买成交很困难。想要新客迅速成交,最好的方式就是让新客感到绝对的物超所值。例如,很多餐厅刚开业的时候都会打出5折的活动,很多顾客想要去尝鲜,最终,好的餐厅就会生存下来,差的餐厅就会被淘汰。当然,还有很多顾客是为了礼品去尝鲜,这个做得比较好的案例应该是招商银行,新开卡的用户就会得到一个新秀丽的包,这个活动很吸引人。银行也可以理解为商家,只不过他们买卖的是钱。再如,美容院会推出首次到店消费特惠套餐,健身房推出的新人体验卡,这些都是为了拉新而做的促销。

2. 维护老客

维护老客的促销形式有返利折扣、充值优惠、赠品。商业上有一个原则,门店80%的销售额是由80%的老客贡献的。可想而知,老顾客在消费中的重要性,所以很多营销活动会针对老顾客做。老顾客已经体验过你的产品,对你已经产生了一定的信任,让他反复消费就比新客要容易得多。老顾客更

关心的不是单次超级吸引人的折扣活动，而是持续反复消费给他们带来的让利，以及商家持续的服务态度。所以针对老顾客，有充值活动（充多少送多少）、多次消费返利（很多商家常用满200赠200，实际赠送的则是20、30、50、100这样的折扣券，要分4次才能消费掉，而且每次消费都有门槛）和积分活动（老顾客可以凭借积分领取礼品）。说白了，对于老顾客的营销方式，就是要一直有一根线牵着他，不要让他流失到竞争对手那里，所以要让他持续感受好的产品、好的服务，以及因他忠诚而带来的红利。

3. 消化滞销品

消化滞销品的一个主要方式是捆绑销售。有一个很残酷的现实，商家总会面临库存的问题，而库存往往意味着并不太受消费者喜欢（也可能是过高预估了市场消化能力）。但是对于这些库存，商家却必须要想方设法销出去，以降低自己的库存成本，因为销出去就会变成现金流，不销出去就是压着的死钱。所以为了清库存，商家也是想尽了方法，当然最常见的就是直接打折。直接打折的后果是拉低品牌在消费者心目中的价值，消费者不会在意你打折的是滞销产品，他们只会认为这个品牌在打折了，而且折扣还很低。所以商家喜欢采用捆绑销售的方式，如买一赠一，在门店消费的顾客即送指定款产品，指定款往往就是滞销款。还有就是大礼包的形式，大礼包的性价比高，一般会搭配着滞销品一起销售，但是给人的感觉却很好。

7.2.2　无中生有造节忙：阿里巴巴"双十一"

商家为什么要造节，说白了就是要优雅地打折，要为自己打折寻找一个合理的借口。一开始，造节仅限于线下商店，造节频率也不高，一般都是年中庆、年终庆和周年庆三个大型的节假日。很多线下公司的周年庆，其他公司都不会跟进。随着电商公司的加入，造节就变得肆无忌惮，每造出一个节日就会变成全体的狂欢。比如"6·18"本来是京东的周年庆，但是天猫和其他商家都在做促销，所以"6·18"就演变成"6·18大促"，几乎是全电商平台的狂欢，而线下平台则会借助"6·18"顺便做自己的年中庆活动。造节造得最成功的非阿里巴巴的"双十一"莫属了，原本"双十一"只是11月中普通的一天，网络上把这一天戏称为光棍节，而阿里巴巴就是把这普通的一天助推成一个全民狂欢的购物节，不仅是线上全平台促销，线下更是全平台促销，而且这一天的促销力度都很大。当然，还有"5·20"这种来自网络的情人节，原本5月20日也只是普通的一天，但是商家赋予了这一天"我爱你"的意义，再加上各个商家的助推，这一天随之变成很重要的一个表达爱意的节日了。这一天有意义吗？对于普通女性来说，多了一个收礼物的节日，何乐而不为？对于商家来说，不说别的，仅鲜花类商家，订单急剧上升，因为总有人需要过节。

如果说正常节日打折促销的目的还遮遮藏藏、欲说还休，那么商家自己创造的节日就直白得多了。他们造这个节日就是为了促销，而且促销方式很简单粗暴，归根结底就是降价，甚至是狠狠地降价，所以活动基本就是降价、打折、满减。

商家造节有哪些特点呢？造节说来说去就两个要素：第一就是消费需求旺盛的时间节点，第二就是商家清库存的时间节点。就"双十一"来说，符合这两个要素，再加上有阿里巴巴互联网巨头公司的助推，所以变成了一点就爆的节日。11月11日，深秋初冬，对于商家来说，要清理的是秋装的库存和去年冬季的款式（双十一很多商家销售的冬装基本都是去年的过季款，然后再辅以今年的秋款）；对于消费者来说，这正好是一个换季的时节，消费需求很旺盛。

普通小商家，要不要造节？我的建议是不要！很多被创造的流行节日有几个特点。一是大型商家的助推，有巨大的预算做媒体推广，比如"6·18""双十一"，因为创造节日的商家本身就很有影响力，所以这一天会吸引大量的流量。二是节日本身具有特殊属性，比如"5·20"。还有其他形式的节日，比如银泰的周年庆，本来是在12月初的，但是因为"双十一"抢生意，它就不得不提前了。所以，很多自己造出来的节日很容易成为炮灰，如果没有媒体预算推广，没有造势，没有特殊纪念意义，就很容易被遗忘。节日本来就已经够多了，再加上一些被造出来的节日，商机就更多了。只要能把这些节日做好，其实对小商家来说就足够了，完全没必要无中生有，创造自己的节日。

造节促销说白了基本上就是自损，凡是我5折买到过的商品，我对这家商家的评价就是只值 5 折。如果它不打折，我就不买。国际一线化妆品品牌在国内基本不打 5 折，每年"双十一"最多送小样赠品来迎合节日氛围。但是他们这样，我反而觉得很信任，会在有需求的时候就去购买。有一个玫瑰纯露，我第一次去看的时候价格是 399 元 500ml，店员告诉我说这个从来不打折。当我第二次去看的时候，为迎合"5·20"，价格降至 199 元两瓶。此时我会购买，但是它恢复原价后，我就不会买了，因为它失去了原本在我心目中的真正价值，或者说这瓶水真正的价值是 99 元。

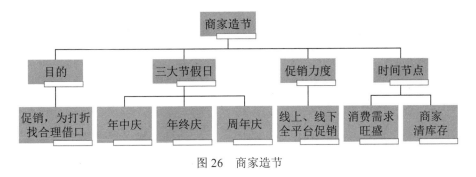

图 26　商家造节

7.2.3　花样百出趣味多，线下活动引客流

简单粗暴的促销往往对消费者没有吸引力，也就起不到吸引客流的作用。所以有资金的商家基本上还会通过商场的线下活动来吸引客流，有些商场一年举办的线下活动可达 300 多场，虽然这比较少见，但是为迎合大大小小的节日而做线下活动对商家来说却是日常工作。

举个例子，《奔跑吧兄弟》一度成为很热门的综艺节目，节目里面的撕名牌的游戏环节成为很多商家和普通用户模仿的环节。武汉某商场趁着《奔跑吧兄弟》的热度和情人节的营销需求，就做了一场《奔跑吧恋人》的营销活动。《奔跑吧兄弟》里面很多明星组成 CP（配对）撕名牌，而这个商场则是恋人自成 CP，参加《奔跑吧恋人》的活动。整个活动有统一的服装赞助商，主要在商场的中庭展开，最终的胜利者还有奖品激励。再加上撕名牌的热度，这个活动吸引了很多报名和围观的人。线下活动为门店吸引客流的目的也就达到了。

除了上面的案例，商家会迎合各种各样的节假日来做活动。比如儿童节，很多商场都会设置一些儿童游戏，有些更是把小时候游园的活动搬到了商场的现场，要小朋友们和家人一起来做游戏。线下活动最主要的目的还是迎合节假日，吸引客流，所以与促销、造节的节日营销形式相比，就会发现，商家的销售目的没有那么重。线下活动吸引了客流，这必然有一部分客流会产生购买，这样他们的目的就达到了。

这个活动形式有以下几个特点。

1. 活动可大可小，大小活动搭配着做

做一场大型活动，准备时间可能需要一个月甚至更长，延续时间也会比较长。做小活动则比较快，筹备时间可能就几天，延续时间也很短，可能就几个小时。所以，一般商场都是大小活动搭配着做。如果只做大活动而不做小活动，就会造成投入过大，企划人员过度透支，而且用户会感觉商场一直都在做同一个活动；如果只做小活动而不做大活动，那么存在感就会很弱，所以最好是大小活动穿插着做。

2. 蹭节假日的热点和流量

做活动更多的是营造节日的氛围，吸引消费者过来玩，从而提升门店流量，最终促成销售。虽然有时候线下活动也可以"无中生有"，但是如果能蹭着自带流量和话题的节日，线下活动做的效果就会更好。比如说母亲节和父亲节，本来很多孩子有为父母买礼物的心愿，商家能借助这两个节假日，做与母亲节、父亲节相关的活动，活动就会有热度，通过活动吸引的客流就能真正转化为消费者。如果自己无中生有，就蹭不到节日的热点，再加上消费者的消费需求不强，那么很可能活动做了，也有客流了，但是最终没有转化为真正的销售。

3. 商场和商家都可以做活动

很多商场中庭的活动，可以由商场和商场里的商家联合做，商场做有商场的目的，商家做有商家的目的。商场中庭本来就是客流量最大的位置，商家可以利用这个位置为自己的门店引流。据我所知，现在商场还是会把中庭当成重要的资源位来和商家进行联动，有些甚至是要收取一定的场地费用的。

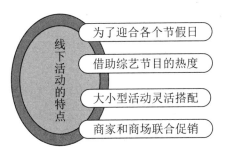

图 27　线下活动的特点

7.2.4　逆向营销引共鸣：情人节失恋展

情人节的时候，商家的营销大多数是为恋人准备的，所以很多人大呼情人节可真虐"单身狗"。随着营销形式越来越趋同，商家想方设法地玩创意，所以逆向营销就随之产生。尤其是针对情人节，大家的营销方式是为情人而设置的，而有些逆向营销方式则做"失恋展"，鼓励大家把前任遗留下来的东西拿出来展览，纪念自己死去的爱情。失恋的人何其多，所以"失恋展"这种逆大势而做的营销活动就吸引了很多人的眼球，也引起了媒体的关注，与消费者产生了共鸣。

为什么要做逆向营销

逆向营销是很容易在千篇一律的营销活动中脱颖而出的，就比如我在案例中提到的"失恋展"营销创意，虽然灵感来自上海的"失恋博物馆"，但是大家对于失恋展还是充满了好奇心，所以即使在没有大预算的情况下，这次失恋展还是成功地引起了媒体的大面积关注和曝光。媒体带来的曝光价值不可估量。即便是商业行为，只要有创意，媒体就愿意免费报道，这对媒体来说就是最好的写作素材，对于商家来说就是创新带来的价值。情人节都歌颂爱情，母亲节、父亲节歌颂母爱、父爱，儿童节歌颂童心，这几乎是商家千篇一律的营销活动了。所以如果能有一些出其不意的创意营销活动，还是很容易引起媒体和用户的关注，这就是逆向营销的最大意义所在。例如，和喜茶相对应的"丧茶"就是逆向营销的案例。

逆向营销的原则

1. 逆向营销不能无下限

很多时候逆向营销的尺度难以把握,很容易变成无下限的营销方式。这是逆向营销中最忌讳的。一般大家做正常的营销活动的价值观导向都是社会的普世价值观,但是为了做逆向营销而营销,很多商家就会采取很多无下限、价值取向扭曲的营销方式。虽然当下能吸引用户关注,但是最终对品牌和个人形象造成的伤害是不可估量的。比如,很多明星为了曝光量,会曝出自己的很多负面消息来吸引媒体的注意力,这个方式就很不可取,无异于杀鸡取卵。即使是做"失恋展"这类有违于常规的情人节营销,听起来让人觉得办失恋展是鼓励失恋,有违于常规的鼓励甜蜜美满的价值观,但是"失恋展"最终落脚点是"回忆爱情",而不是鼓励分离。回忆青春、回忆爱情,不管青春和爱情是美好还是酸涩的,都是一种比较积极的价值取向。

2. 逆向营销是形式不是目的

做营销的最终目的是促进销售,提升品牌形象。所以逆向营销在实施的过程中只是一种形式,是为了更好地营销,没有必要为了逆向营销而营销。常规的营销活动并不是不可取,母亲节的营销方式歌颂母爱,虽然这个营销形式不出彩,但是不会出错,而且也达到了营销的目的。所以不要把逆向营销当成一个目的,而是当成一种创新的形式来实践,每次营销想不出好点子的时候,逆向想想能不能有创新的地方。这就是逆向营销存在最重要的意义。

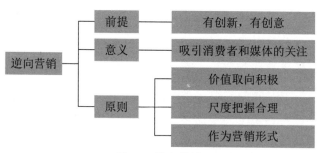

图28　逆向营销

7.2.5 为生活增添仪式感：圣诞节美陈

既然说节日营销是帮助消费者创造仪式感，提升消费者的幸福感，那么仪式感从何而来就很重要，它在于营造的氛围。氛围的营造要从线上线下两个不同的角度来谈。

先说线下的氛围营造，一到大型节假日，实体店的商家会在陈列上营造节假日的氛围，比如说圣诞节，商家会拿红色和绿色的产品来营造圣诞氛围，有时候店铺的 POP 画面、KT 版等也会更换。商场则会在展厅布置美陈来营造氛围。一到圣诞节，很多商场的中庭就会点亮圣诞树，并且在商场外面张挂很多和圣诞有关的元素来营造节日氛围。另一个大型的节日则是中国的春节，一般商家会在春节的时候张灯结彩。

因为美陈整体造价比较高，所以美陈的陈列周期一般都比较长。例如圣诞节，很多商场会在 12 月初就开始做圣诞节的美陈且一般持续一个月以上。这种会做大型美陈的节日都是被消费者广泛认可的，并且能持续创造销售价值的节日。因为成本高，整体执行周期时间长，所以这种大型的美陈，一年也就做 3～4 次。

当然，一些小型的节日，商家会做些针对性的美陈。比如，端午节，超市的商家就会做粽子的堆头陈列；中秋节，商家会做月饼的堆头陈列。这种陈列更多的是针对销售而开展的，但是也会让消费者有一种过节的感觉。

线下的氛围是通过美陈、门店画面、产品陈列等方式营造出来的，而线上的陈列则是通过画面来营造的，这种氛围的营造画面更换就很频繁，几乎一到节日，商家就会更换首页画面，营造节日效果。因为总体来说，更换网络的画面成本较低，商家为了给用户新鲜感，也很乐意频繁更换。

氛围营造在节假日营销中属于可重要可不重要的一个环节。从重要性来讲，如果不是有那么多商家在营造节假日的氛围，那么对于我们普通人来说，365 天都是变成普通的日子，没有惊喜，没有仪式感，也感受不到节日的气氛，过节的心情自然就没有了。所以从这个角度来说，氛围营造是很重要的，是消费者感知节日变化的重要因素。但是，对于促进销售来说，没有促销那么直接，商场的圣诞美陈做得再漂亮，消费者只会觉得漂亮，并不会因为圣诞美陈漂亮而直接在商场消费了。这种影响只能是间接的，消费者通过美陈对商场产生好感，就会多次光顾，甚至影响周边的人光顾，所以美陈能带来的则是更高的关注度和客流量。

所以，在氛围营造上有两个要点。

1. 氛围营造和线下活动可关联，也可区分

有时候氛围营造可以单独做，就是为了商场的美而美，杭州万象城圣诞节的圣诞树美陈就和消费和活动毫无关系，纯粹是为了让人感受圣诞节。氛围营造也可以和活动关联在一起，比如儿童节，商场可以做一些亲子活动，同时在商品布置上多做一些儿童节的画面，氛围就出来了，客流也吸引了。所以，有时候这两种方式的区分和界限就不是那么明晰。

2. 只要成本在可控范围内，还是建议很多节日做一下氛围营造

这是一种心理感受，虽然不会直接体现在销售额上，但是消费者需要仪式感，需要视觉体验，需要被告知过节了。出于这样的考虑就是节假日要营造氛围，从长期来看，这种氛围的营造有助于创造商场在消费者心目中的形象。

7.2.6 把每一个小节日都玩出新花样：建军节军装照H5

前面几个小节讲到的节日营销都和商家的营销有关系，或多或少地具有很强烈的销售属性。那么这一小节专门来讲一个线上传播的节日营销案例。

八一建军节一直是个热度不怎么高的节日，因为对于商家来说既不能做美陈，也不能直接做促销，八一建军节无法鼓励消费者去消费，而且8月1日的天气也不太适合，因为正处于最炎热的夏季。所以，八一建军节在商家的营销日历表上一直是一个比较边缘化的节日。

2017年的时候，为八一建军节做的军装照的H5营销活动在朋友圈刷屏了。活动形式很简单，你扫描别人的军装照识别图中二维码，上传自己的照片，就会生成属于自己的军装照，然后保存图片就可以分享到朋友圈，朋友看到你照片中的二维码也会按照你的模式生成属于他的军装照。当我看到这个营销案例的主办方是人民日报和腾讯天天P图的时候，就会觉得在八一建军节

做这个营销活动特别合适。人民日报有宣传八一建军节的需求，天天 P 图作为一个 P 图软件，用这种形式来推广自己的 P 图功能也很恰当。

1. 品牌商要根据自己的特性找出适合自己的节日，重点做营销

建军节是个相对冷门的节日，但是对于人民日报和天天 P 图来说就是一个很适合做营销的节日。当然，还有很多节日在普通大众的心目中是很冷门的，但是对于品牌商来说却是一个很好的节日。比如，亚马逊就在世界读书日的时候做过一则 H5 的广告，主要是为了推广图书。比如高考，晨光就专门为高考出过营销的系列，我就觉得很应景。

2. 随着互联网的兴起，很多小节的营销效果出乎意料

对于很多品牌商来说，重点的营销节假日就是我在一开始提到的常规节假日，因为这些节假日基本上自带消费属性，所以是商家的主战场。但是互联网的营销有些时候不需要消费，而是需要新用户，比如天天 P 图，它不需要用户消费，只需要用户下载它的 APP，所以，这时候有些虽然不带消费属性的节日，用来做营销就很适合。

第8章 争分夺秒蹭流量 理解热点营销

追热点、做海报成为大部分营销人员的日常工作,如明星出轨、结婚的消息一旦发布,不管何时何地,营销人都会在这个消息发出的最短时间内追上热点。因为热点意味着流量和关注度,时效则是热点的关键指标,热点的热度往往会随着时间的推移而降低。营销人最讨厌的事情之一是热点发生在假期,这往往意味着你要立刻跟上这个热点,而有时候你不得不找就近的咖啡馆蹭网来完成这个热点营销。本章就通过几个不同的案例来谈谈如何更有效地蹭热点。

8.1 热点营销基础知识

热点是用户的关注度、兴趣点、好奇心所在。热点更是各大品牌争夺的重要流量阵地。作为营销人，应该对热点保持强烈的敏感度，例如，怎么样才能不错过热点，哪些事件已经足够有热度，可以作为热点事件跟进。以下是热点判断的几个标准，可供营销人参考。

1. 微博、百度等各大热点搜索榜单

这些榜单基本囊括了方方面面的热点事件，有娱乐明星热点，有社会事件热点，有公司热点，而这些榜单上的内容重合度很高。所以作为一个需要追热点的营销人，需要时刻关注这些榜单内容。

2. 朋友圈和周围谈论的话题

当你在朋友圈看到你2~3个朋友在分享同样内容，或者在生活中有2~3位同事在谈论同一个话题的时候，你就要立刻提高警惕，搜索相关内容，分析热点的趋势，这时候是热点的发酵期，如果能抓住这个时间，那么很有可能就抓住热点第一段时间的流量。

3. 追热点标杆企业的表现

世界杯期间，做好了世界杯这场赛事的海报（预备海报），但是赛事本身可能热度不够，那么到底要不要把内容出街呢？这时候我就会参考杜蕾斯的发布，如果它发，我就发；如果它对这场赛事不发表任何内容，说明这场赛事的热点还不到位。所以多关注这些追热点的标杆企业，看看它们发布的话题，时刻关注热点的进展。

为什么企业对于追热点如此热衷，为什么那么多营销人的工作状态是一遇到突发热点，不管身处何方，第一时间就是找网蹭热点呢？因为热点自带流量和关注度,以微博热点为例,一条平时阅读量只有 2 万的微博,世界杯期间因为蹭到了世界杯话题的热点,阅读量飙升至 15 万甚至 20 万,是平时的 7.5～10 倍,可想而知热点这个巨大的流量池,企业都想分一杯羹。

既然一直在说蹭热点,那么常见的蹭热点的形式有哪些呢?

1. 最常规的形式是海报

一句文案、一个背景图、一个产品就构成了海报,然后在自己的社交媒体平台上发布。这种形式的优点是反应速度快,快的可以在半个小时内出街一张海报。具有极强时效性的热点以及话题转瞬即逝的热点,一般都会采用这种形式。对于热点的海报的精美度和创意要求没有那么高,最重要的是能踩中热点的流量池。只要能踩上热点,那么自媒体端的阅读量和转发量都是相当可观的,所以对于企业来说就相当于多一次免费的流量曝光机会。成本低、反应迅速,何乐而不为,只是苦了营销人。

2. 评论文章

除了海报之外,常见的蹭热点的形式是评论文章。这种时效性相对长一些,更适合微信端媒体蹭热点,比如男明星出轨以后,就会有大量的女性公众号撰写女性该如何自强自立,女性该如何防止老公出轨这类的文章,点击量往往特别高。再比如,金庸逝世的消息一出,各大媒体悼念金庸的文章此起彼伏,金庸的著作都被挖出来进行推送。这时候,读者想要寻找情感的共鸣,想要有一个情感的寄托,而这类文章就成了"鸡汤",浇灌着大众的心灵,这类热点文章的阅读量自然就不会差。

3. 长图、表情包、H5 游戏等趣味类内容

除了持续几个小时、持续几天的热点之外,还有持续几周甚至几个月的热点。比如以热点电视剧为例,2017 年《人民的民义》火的时候,各种与《人民的民义》相关的长图、H5 游戏此起彼伏(一般都是品牌出的营销内容),还有达康书记的表情包。这种营销玩法往往屡试不爽,这就是一种老酒换新瓶的玩法。

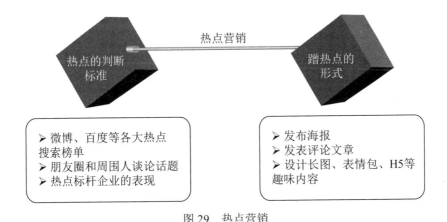

图 29 热点营销

⭐ 8.2 热点营销案例解析

热点看似千变万化，此起彼伏，每天都有新的热点，但是对于营销人来说，只要理解了热点的本质，看穿热点，就能找到规律，轻松蹭热点，找到流量的关键钥匙。本章就以几个蹭热点的形式来谈谈该从哪些角度找热点，该如何运用热点。

8.2.1 一战成名常有之：热门赛事营销

奥运会和世界杯是体育赛事中的两大热门 IP，也是每个企业营销的必争之地。除了奥运会外，还有亚运会、欧冠、中超联赛等其他赛事的热点。这些热点事件蹭得好，往往能让企业一战成名，从一个默默无闻的品牌成为一个家喻户晓的品牌。因为这些热门体育赛事的受众是全世界的，赛事关注度高，影响力大，更能塑造品牌的正面形象（体育精神、拼搏精神），而不像有些娱乐热点，蹭了以后还可能取得适得其反的效果。所以热门赛事的热点营销必须是一场有准备的战役。这一小节以 2018 年世界杯赞助商蹭热点的形式来谈谈热门赛事的热点该如何蹭。

第一级别是最土豪的赞助商

成为 2018 年 FIFA 世界杯官方赞助商,2018 年俄罗斯世界杯官方赞助商就有 17 家,中国企业占 5 家(万达、VIVO、海信、蒙牛、雅迪)。这种赞助一般都是一整套的权益,比如球场的广告牌,因为世界杯的赛事收视率高,全世界转播,所以影响力是全世界的,广告牌是相当重要的广告资源位。除了官方给的标配权益外,企业自身也会做好这一场热门赛事的营销。万达新媒体端在球场广告位置露出,和粉丝进行互动,让粉丝来拍万达的广告位,在微博 @ 万达官方微博,通过这种形式增强用户对万达是官方赞助商的认知。官方赞助商还有一项权益,是被授权可以使用 FIFA2018 年世界杯字样的 Logo 和广告语,其他非官方赞助商使用就会涉及侵权。VIVO 的世界杯赞助的主题是"非凡吧,这是你的时刻"。除了相应的官方权益之外,VIVO 也投入了很多广告资源来推动自己是世界杯官方赞助商的影响力,提升自己的品牌档次,当然在新媒体端也做了很多互动营销,还根据赛事期间各个球员的表现配合自己的主题进行营销。

第二级别是球队的赞助商

华帝则是 2018 年世界杯法国队的赞助商,而这届世界杯最大的赢家不是官方赞助商而是华帝。华帝在世界杯期间做了一个法国队夺冠,购买夺冠套餐的用户退全款的营销活动,这是教科书案例级别的了。华帝电器是法国队的赞助商,在世界杯开始前,华帝就推出了"法国队夺冠,华帝退全款"的创意。这届世界杯在一场场爆冷的赛事中,法国队终于迎来了属于自己的荣耀,相应地,华帝也成了本次世界杯最大的赢家。法国队一夺冠,华帝屡屡成为微博、百度等搜索榜的热点话题。随着时间的流逝,观众早已经忘了 FIFA 世界杯的官方赞助商,但是观众却不会忘了华帝退全款的营销方案。据统计,华帝赔付的退全款金额不到一个亿,很大一部分还是由经销商承担的,但是华帝频频占领了各大热搜榜的首位。相比官方赞助几十亿的赞助费,华帝可算是取得了四两拨千斤的效果。华帝这次营销的操盘人也在事后采访中透露,本次活动对于推动华帝夺冠套餐的销售有很大的推动作用,当时策划这个营销活动的时候也测算过,如果法国队真的夺冠,华帝要全额退款,这也是在华帝营销费用能够承受的。法国队夺冠,给华帝带来的营销力是非常大的,这不是几千万的退款金额可以比拟的。做这个活动，华帝是想把真正的营销费用用于消费者身上。

第三级别是签约世界杯的球星

这种代言一般都是长期的，但是签代言之前会根据球星是否参加世界杯等的预期来判断代言的价格。因为只有明星不断地露出，才能增强自己的影响力，对企业来说才有签代言的价值。比如世界杯的梅西、C罗都是身上背负了很多个不同品类的代言。在世界杯期间，这些企业就异常活跃，尤其是针对球星在世界杯比赛中的种种表现，企业会做相应的营销方案。球星的表现好坏对企业权益的影响是很大的，大家对世界杯赛事的关注，往往也是对大牌球星的关注。比如2018年世界杯，梅西是蒙牛的代言人，梅西屡屡表现不好，网友不时调侃蒙牛的产品。梅西所在的阿根廷球队也因为早早被淘汰出局而成了大冷门，后面的比赛没有梅西上场，企业自然就少了很多曝光的机会。

第四级别就是纯蹭热点，在赛事上不投入一分钱

这个经典案例就非杜蕾斯莫属了。这是一个适合长期在社交媒体平台做营销的赛事，杜蕾斯几乎在每场热门比赛的第一时间就会发出比赛相关结果的热点海报。杜蕾斯对每场热点赛事、每个热点球星的表现及每个热点事件都做了热点海报。事后采访杜蕾斯的文章里提到，杜蕾斯为每一场热点赛事都准备了胜、平、负三种不同结果的海报，所以不管这个赛事的结果如何，杜蕾斯都能在赛事结束后几分钟内在社交媒体上发布海报。杜蕾斯蹭热点的方式也很巧妙，几乎不带任何和世界杯有关的元素，也不带与球星相关的元素（不会有侵权的风险），而是从参赛国家的角度通过隐喻的方式将本场比赛的特点和杜蕾斯产品的特点结合起来。有钱的赞助商就那么几家，所以在世界杯期间大部分品牌都在用杜蕾斯的方式蹭热点，做赛事营销。当然这种方式也存在很大的风险，因为这个属于边缘地带，营销策划人员不是熟悉法律条款的法务，一不小心就会做出侵权的行为，侵权行为一旦被上诉，就会得不偿失。

第五级别是纯营造氛围

第四级别的时候企业还会通过海报、社交媒体等平台和用户粉丝进行互动。那么第五阶段就纯粹是营造气氛了，比如说世界杯期间，不管是商场还是小店，都不约而同地挂起国家的国旗，画了足球、啤酒的元素。这些不是世界杯的元素，但是世界杯期间在门店通过这些元素营造氛围，就很容易让人把它们和世界杯联系起来，让更多人能感受到世界杯期间的热情。

热门赛事经常有，但是世界杯和奥运会是属于四年一次的世界级的赛事，在这种赛事上蹭热点、做热点营销，经常能一战成名，前提是投入足够多的预算，并且有出其不意的打法。蹭热门赛事的热点就是在前文中提到的几种，不同的企业在营销费用上有不同的预算，不管哪一级别的企业都能找到和自己相关的方式蹭热点，最主要的是要与实力相匹配。即便说华帝这种营销方式达到了四两拨千斤的效果，但是华帝仅退款费用也是将近一个亿的营销预算，还不算各种媒体投入，这也是大部分企业所不及的。所以在做热点赛事营销的时候，企业一定要找准自己的定位，用最少的预算发挥出最大的价值。

图 30　热门赛事营销

8.2.2　吃瓜群众凑热闹，娱乐热点来去都快

体育赛事的热点，很多品牌都愿意蹭，不管自己产品是不是和体育相关。因为体育赛事代表了拼搏、奋斗、超越自己、团队精神等种种正能量，所以蹭体育赛事的热点除了侵权之外就无其他风险了。但是娱乐热点并不一定是每一个品牌都愿意蹭的，娱乐热点意味着八卦、无聊等。什么样的事件会成为娱乐热点？明星个人感情状况（结婚、婚变、离异、分手、表白、出轨、新欢）综艺节目，电视剧热播，电影热播，热播剧里面的人物、桥段、剧情、

服饰、道具都有可能成为娱乐的热点。那么娱乐热点有什么样的特点呢？

1. 热门赛事的营销可以说是打一场有准备、有预谋的营销战，那么娱乐八卦事件的营销则往往是猝不及防

娱乐事件的热点有一个很大的特点，来得猝不及防，去得也猝不及防，营销的时间很短。大部分娱乐热点事件都是不可预知的，这就很考验营销策划人员的及时反应能力。比如维密走秀奚梦瑶摔倒事件，当时成了非常热门的话题，各个新媒体对于这个事件的评论分析层出不穷，对于奚梦瑶是否专业的争论也是莫衷一是。这对品牌来说就是蹭营销热点的大好时机。这是突发事件，是毫无征兆和预感可言的，连她自己都不知道这次走秀会摔倒，就是一瞬间发生的事情。还有些热点是明星的八卦事件，明星们特别喜欢在周末公布自己的婚讯，娱记们则特别喜欢在周末发布明星出轨的劲爆新闻。这些热点对于营销人员来说也往往来得猝不及防，毫无准备。

2. 娱乐热点带有很强的八卦属性，所以对于品牌来说是否蹭娱乐热点是需要进行评估的

娱乐这个属性决定了这个热点的属性，杜蕾斯本身塑造的就是一个比较"污"的品牌形象，所以面对"明星出轨"等娱乐热点，杜蕾斯都做了追热点的行为。但是很多品牌花了很大的力气在用户面前树立的是积极向上的正能量的品牌形象，如果蹭明星出轨这样的热点，会让用户感觉这是一个很不正规的品牌。所以，娱乐热点具有两面性，对于喜欢八卦属性的品牌来说，是一个自带流量话题的热点；对于积极正能量的品牌来说，则需要酌情考虑热点和自己品牌自身的形象是否契合，不可为了追热点而得不偿失。

如何蹭娱乐热点

1. 海报

海报是最能够快速反应的，很多明星都会选择在周末、晚上这种时间点公布恋情、分手、离婚等。自媒体运营和设计都不能好好过个周末，明星热点一出，自媒体人就要忙着为他们做海报。比如明星宣布恋情，自媒体端就放出各种花样的虐狗式海报，将各种明星的谐音和自己品牌的谐音联系起来，如果是自家代言人发布婚讯，这些品牌更是会把代言人的产品图作为重点投

放广告来吸引流量。如果明星被爆出轨，则各大品牌轮番推出各种讽刺性的海报。

2. 评论内容层出不穷

每一次明星出轨、宣布恋情，最忙的就是新媒体运营了。他们都忙着写评论，男明星出轨以后，女明星选择原谅或者不原谅，新媒体运营都能从各种角度写出一大堆的"指导"文章，有教女性要自强自立的，有教女性要果断离婚的，有教女性要不能放弃自我的，也有各种谴责的文章。自媒体的评论可谓是百花齐放。还有大龄女明星结婚的热点事件，也是各种评论，如她终于嫁给了爱情。总之，娱乐热点事件一出，各种评论文章纷纷推出。

3. H5游戏互动

《延禧攻略》热播的时候，各个品牌的营销策划方案层出不穷。要说热播电视剧、电影屡试不爽的一个策划案——测测你是×××里的谁的H5游戏，让用户去测试剧中的人物，然后配一段文案，用户测试以后觉得非常有代入感，能产生很强烈的共鸣。这个可以说是屡试不爽，基本上热播的电视剧都出过测测剧中人物的策划方案。有些是品牌蹭热点，顺势植入自己的产品；有些是公众号吸粉，扫二维码引导过去的是先要关注公众号才能做测试。用户对于测试的热情从古至今没有减退，就好像算命，大家都知道不准，算命却还是有着顽强的生命力。

4. 利用剧情讲故事

一部电影本身就是一个故事，电影热播以后，故事就变得很吸引人。策划人员就把这些故事的逻辑套到自己的策划方案中来，延用部分元素再加入自己合理的编剧，使得用户先能通过电影电视剧引起情感的共鸣，再来做营销。最典型的一个案例是新百伦的短视频《华生逆袭夏洛克》，故事来源于《神探夏洛克》，被新百伦套用来讲一个男生向女生求婚的故事，从而引出新百伦574青春系列产品。

娱乐热点的话题性很强，内容也很浅显易懂，很多人愿意去讨论和关注。对普通人来说，它有很强的吸引力，所以娱乐热点的关注度一直很高。娱乐热点的话题很亲民，这也是大部分品牌愿意追娱乐热点的原因所在。

8.2.3 释放压力好帮手，游戏热点渗透广

游戏是除了娱乐之外，又一个用户基数庞大的产品，娱乐和游戏占据了大部分人的业余时间。除了娱乐的热点之外，游戏也经常出热点，也是各大品牌热衷追捧的热点之一。追游戏热点有哪些玩法呢？

1. 常规海报是蹭热点标配

"旅行的青蛙"原本是日本为鼓励生育而开发的一款游戏，传到中国以后白领们纷纷养起了自己的"蛙儿子"，一时间"旅行的青蛙"这款游戏火爆了。各大品牌当然不会错过这个大热点，结合自己的产品利用"旅行的青蛙"的热点做了营销海报。同样的营销方式，在微信小游戏"跳一跳"火起来的时候，各大品牌的营销海报接连上新。

2. IP 的周边开发

游戏是开发周边产品比较多的一个产业，而且游戏的热点持续时间相对比较长，很多品牌愿意在一款游戏上投入大成本来蹭这个游戏的热点。所以 2018 年 4 月 2 日，阿里巴巴集团官方宣布与日本游戏公司 Hit-Point 达成战略合作，获得 Hit-Point 授权在中国大陆地区独家发行旗下现象级手游 "旅行青蛙"，正式宣告这只"青蛙"来到中国。5 月 3 日，这款游戏开启了中文版本的预约测试，并且内置在了淘宝 APP。除此之外，阿里联合中国邮政，在上海开了一家"旅行的青蛙"主题邮局，还推出了旅行的青蛙限量明信片、个性邮折、纪念邮戳，俨然要把"旅行的青蛙"打造成一个属于阿里的大 IP。

3. 游戏中植入广告

"跳一跳"是内置在微信端的一款小游戏，也是为了提升用户在微信端的留存时间。"跳一跳"因为其简洁的界面、简单的玩法、好友互相比拼而一时间变得非常热门。对于"跳一跳"的热点广告，耐克则是第一个吃螃蟹的人，耐克以 2000 万元的价格买下了"跳一跳"一个盒子的广告位置，成了"跳一跳"这款游戏的第一个广告商。微信"跳一跳"的第一个广告，一个盒子值不值 2000 万元？耐克不仅从微信"跳一跳"这款游戏获得了广告曝光，更是从各种话题中获得了二次曝光。这是"跳一跳"游戏本身的热度给第一个吃螃蟹的人带来的话题效应。

4. 把线上游戏搬到线下

还是继续说微信"跳一跳"这款游戏,这款游戏玩法非常简单、易上手,大部分品牌都在忙着做海报蹭热点,蹭热点的形式还停留在表面。有一个品牌则把这个游戏玩法复制到了线下。随手记做了一个 1∶1 还原游戏中道具真人版的"跳一跳"游戏,这个游戏准备了 1 亿元的奖金,跳得好的用户可以赢取 3 万元的现金,借着"跳一跳"这个游戏的热度,再加上把"跳一跳"这个游戏在线下真实还原,还有巨额奖金的诱惑,这个营销活动迅速引发了一波热议,登上了热搜榜,还引发了大 V 们自主转发和传播。同样地,当时综艺节目跑男撕名牌大火的时候,很多商家把这个游戏搬到了线下,也引发了很多用户的参与和热议。

游戏具有很强的娱乐性和趣味性,是很多品牌热衷蹭的热点。当大家都在忙着做海报蹭热点的时候,有些品牌则想出了更多的玩法,这些更具有趣味性的玩法显然更受用户喜欢,在社交媒体上也更具有传播价值。

8.2.4　自然环境千变万化,营销随机应变

各种天文现象、天气现象都能引发一阵热点讨论。大雪天气、暴雨天气、台风天气,不同的天气就会有不同的段子和营销内容。同样地,各种日全食、月全食、罕见的天文现象也会成为热点事件。因为天气和天文现象覆盖范围很广,比如一次天文现象,涉及范围是全世界的人,那么只要这种现象极其罕见,就很容易成为热点事件。针对这类由自然环境引起的热点事件,该如何蹭热点呢?

1. "红蓝月亮"事件调皮 or 官方正统

"红蓝月亮"是 151 年难得一见的天文现象,几乎每个品牌都在蹭这个大 IP 的流量。蓝月亮和贪玩蓝月游戏是本次热点营销事件的最大赢家。对于"蓝月亮"洗衣液来说就是天赐良机。不过值得一提的是,在社交媒体疯狂传播的海报并不是出自蓝月亮官方,而是来自一张网友的搞笑 P 图。相信很多人都看到过这张图片,在夜晚的城市上空 P 了一个蓝月亮洗衣液瓶,然后文案是"这就是你们想要看的蓝月亮"。蓝月亮官方有一张很正经的海报,

没有传播度可言，估计只在蓝月亮官方媒体传播。这里就要说一个现象，朋友圈海报是大部分品牌针对突发性热点做出反应的最好的形式。如果这张图是蓝月亮自己做的营销内容，相信蓝月亮可以从这个天赐良机的热点中得到更大的传播。大部分企业官方宣传的海报有一个特点，画面精美，文案经过再三雕琢，但就是没有让人传播的欲望，因为那太正了，反而是那些趣味搞笑的内容得到了广泛的传播。

2. 雨天折扣营销吸引流量

一个商场做过下雨天部分餐厅8.8折的活动。零售行业有句话，叫作靠天吃饭，大意是说天气的好坏往往决定了当天门店的客流量和成交数量。一到下雨天，营业员们就开始犯愁今天的业绩又无法完成了。从客观上说，一到下雨天，顾客出门的意愿降低，门店客流量减少。所以，这个商场做了下雨天部分餐厅8.8折的活动，就是为了提高雨天门店的客流量。这个创意出发点就是为了解决下雨天客流下降的问题，通过活动和折扣吸引原本不打算出门的顾客。

3. 根据天气不同陈列不同的商品

还有一个门店，下雨天的时候把伞摆在最外面，甚至还对伞这个品类设置了折扣优惠活动。因为是突然下雨，很多顾客没有带伞，纷纷在这家门店买伞。如果另外一家门店没有对于雨天产品保持敏感度，不对陈列进行调整，下雨天还在最黄金的位置陈列防晒用品，那么这家门店就会流失这部分客户，很多顾客并不会来问你"门店有没有伞"，他会选择优先看到的产品下单，而且很少有顾客会在下雨天急用伞时再去比价。对于当下的他来说，雨伞是一种单价较低的必需品，购买无须决策，而是要看哪种更方便。同样地，下雨天还有很多产品可以拿出来做营销，比如说雨鞋、防水衣服、防潮产品，都适合在雨天进行营销。因为有些消费者只有等到真正需要的时候，才会想到去买，而不是会提前购买。比如天气真正热的时候，电风扇和空调的需求就会爆发，并不是消费者不知道天气马上就变热了，而是没有等到一定的阶段，他们的感知不会那么强烈。

这些只是自然现象营销的很小一部分，天气和天文现象是比较常见的热点。尤其是天气营销方式，有很多有趣的玩法，天气的变化是每天实时都会发生的变化,这个热点在社交媒体讨论可能没那么激烈,但它是实时变化的,而且这些变化会引发用户消费习惯的变化,所以要时刻关注天气的变化,做相应天气变化的热点营销。

8.2.5 竞争对手借力打力:奔驰致敬宝马

2018年3月7日是宝马100周年,作为竞争对手的奔驰发布了这样一则感谢宝马的广告,大致意思是:感谢100年来的竞争,没有你的那30年其实很无聊。这张海报发布以后,整个社交媒体炸开了锅。奔驰既显示了自己对竞争对手的尊重,又顺势暗喻了自己品牌历史比宝马要久30年,又蹭了一波宝马100周年的热点广告。这个热点蹭得极漂亮,既没有拉低对手,又没有自夸地直接说自己的品牌历史多悠久。这就是蹭热点的另一种玩法——蹭竞争对手的热点。奔驰借宝马100周年的热点来营销自己,是一个漂亮的借势案例。这种借对方的热点来为自己发力,不仅仅奔驰这一次,行业内早已经有各种各样的借势案例。

汽车行业的"山丘体"大战

一开始 Jeep 发布了一组海报广告,挑衅了一下竞争对手:挑衅大众,挑衅奔驰,挑衅宝马,当然这几个品牌不甘示弱,立刻回击了反挑衅的海报。紧接着其他品牌也相继加入了"山丘体"大战。

先来看 Jeep 发布的极其挑衅的海报文案:

"**大众**都走的路再认真也成不了风格"——挑衅大众

"人生匆匆**奔驰**而过,就别再苦苦追问我的消息"——挑衅奔驰

"即使汗血**宝马**,也有激情褪去的一点点倦"——挑衅宝马

Jeep 连续挑衅了大众、奔驰、宝马,当然他们也不甘示弱,马上回敬同样精彩的海报文案。

"有人追求风格,有人已有格局越过山丘,你们还未成熟,观尽千山却是唯有一途"——大众回敬

"越尽山丘雪峰,才发现你们都已回家大修,虎胆龙威,G级越野车"——

奔驰回敬

"越过山丘,才发现你已跟丢,全新BMW2系双门轿跑车,敢为先"——宝马回敬

紧接着其他品牌加入了"山丘体"的集体狂欢。

"越过山丘,才发现你已掉进沟"——路虎蹭热点

"越过山丘,才发现你没quattro"——奥迪蹭热点

"越过山丘,才发现你已没油,全新雷克萨斯NX带给您无尽能动"——雷克萨斯蹭热点

"越过雪峰,才发现你们还在山丘"——雪佛兰蹭热点

……

"去啊"入场叫板"去哪儿"引发品牌集体狂欢

淘宝旅行宣布成立"去啊"品牌,当时发布会上一句无心之词"**去哪儿不重要,重要的是去啊**"引发了一场刷屏级的营销。

"人生的行动不只是鲁莽的去啊,沉着冷静地选择**去哪儿**,才是一种成熟的态度"——去哪儿回敬

"旅行的意义不在于去哪儿,也不应该只是一句敷衍的去啊,旅行就是要与对的人**携**手同**程**,共享一段精彩旅程"——携程蹭热点

"人生旅途,去啊和去哪儿都不重要,重要的是想走就走的态度以及不一样的住宿体验"——途家蹭热点

"旅行的意义不在乎去啊,也不在乎去哪儿,而在乎于灯火阑珊处众里寻他的感动,**百度**,最懂你的旅行"——百度蹭热点

……

除了这些品牌,后面还有很多其他品牌加入这场狂欢中来,这里不一一列举。

以前一贯的广告做法对竞争对手很避讳,通常避而不谈,觉得自己花了广告费,宣传了竞争对手,黑对手又显得自己不光明磊落。但是互联网时代则不一样了,竞争对手之间就喜欢互相借势,借助着对方的热点(比如周年

纪念日、新品发布会等重要节点）来为自己发声。

1. 因为互联网时代发一张海报的成本极低

当竞争对手把一个话题炒热的时候，对于借势的品牌来说，除了做一张海报的资源，其他都不占用，发布的媒体平台往往都是自己的官方新媒体，运营权都在自己手里。这时候如果能及时蹭上竞争对手花了大力气炒热的话题（相信做过新媒体营销的人都知道，要炒热一个话题需要投入大量的营销预算），就能取得事半功倍的效果。而随着越来越多的品牌加入，话题只会越来越热。

2. 这类品牌之间互相借势的玩法是一个很好的借热点营销方式，可以借助彼此的力量来推广自己，为自己发声

因为一个品牌的力量发声总是很弱的，如果能借着一个品牌的热点事件，几个友商品牌同时发声，那么就很容易在社交媒体激起波澜，让越来越多的品牌参与其中，自然话题会越来越有热度，整个热点事件营销的目的也能达到。当然，这种借势的前提是要文明对撕，要撕得优雅，要撕得有趣味性，要给用户一种好玩的感觉，而不要变成互相对骂，那就会拉低品牌的档次，取得适当其反的效果。

第9章 品牌恋爱实现1+1>2 理解跨界合作营销

Uber的"一键呼叫"、网易云音乐和农夫山泉、优衣库和漫威、ofo和小黄人……从快消品到互联网,越来越多原本看着不相关的两个品牌开始了跨界合作的营销。一次好的跨界,不但能共享两个品牌的知名度和用户,还能提升品牌形象,吸引媒体关注。当大家对营销反应越来越冷漠的时候,越来越多的品牌想要通过品牌跨界合作来吸引消费者的注意力,通过跨界营销的力量打开消费者的内心,最终实现1+1>2的效果。

9.1 跨界合作营销基础知识

跨界营销是指根据不同行业、不同产品、不同偏好的消费者之间所拥有的共性和联系，把一些原本毫不相干的元素进行融合、互相渗透，进而彰显出一种新锐的生活态度与审美方式，并赢得目标消费者的好感，使得跨界合作的品牌都能够得到最大化的营销。（陈丽 . 跨界营销三原则 [J].《企业家信息》，2011）

按照上述定义，只要品牌的目标客群一致，消费者之间存在共性，就有合作跨界的可能。找到合适的跨界合作对象是跨界营销成功的第一步。跨界合作成功在于能够洞察两个甚至更多不同品牌之间的共性，也就是两个品牌能在一起玩，对方的目标客群正是自己想要的目标客群。

为什么要做跨界营销？

1. 有趣好玩

单个品牌做营销，可玩的营销方式就相对少一些，这就像排列组合，基数越大，可组合出来的花样就越多。品牌和品牌之间进行联合营销也是一样的道理。如果共享单车和健身房进行合作，活动主题就可以形成一个健康的生活方式的营销闭环；单车和食品结合，又可以做成补充能量类主题的营销闭环。Uber就是通过和各种各样的品牌进行跨界合作，做成了很多"一键呼叫"的有趣的营销，才使得"一键呼叫"成了 Uber 的招牌营销活动。

2. 共享媒体资源

媒介投放预算往往决定一个营销活动的影响力，两个品牌一起做营销活动就意味着有两份媒介渠道的预算。现在大多品牌都有自媒体渠道，所以两个品牌加在一起的自媒体渠道的影响力就是单品牌推广的 2 倍。正常情况下，每个品牌对于一个活动都有营销预算，如果两个品牌能够一起做营销活动，媒介资源的预算往往是2倍，媒体资源也是2倍，但影响力往往不只扩大2倍。

3. 强强联合

每个品牌都有自己擅长的地方，也拥有一些自己特有的资源，所以如果两个品牌能够进行联合营销，就可以把优势发挥到最大。比如优衣库和一线大牌的合作，优衣库拥有大量的消费者，而一线大牌是大部分消费者的一个梦想。两个品牌一合作，优衣库为一线大牌带来流量，一线大牌为优衣库带来高端，消费者又能以优衣库的价格沾到一线大牌的边，这可谓是三赢。

4. 博眼球，吸引流量

越来越多的好玩的、有创意的营销案例来自跨界营销，越来越多的你想不到的品牌开始做跨界营销了。比如六神和RIO的跨界，大家都在调侃喝一瓶六神花露水是什么味道。正是这些越来越想不到的品牌玩在一起，每一次都能吸引到媒体和消费者的眼球。每一次的跨界，并不是品牌诉求有多大的实际销量，而是通过这一次的跨界营销为企业带来媒体的关注，树立品牌在消费者心目中的认可度才是跨界很重要的一个目标。

当然获得两个品牌跨界合作的优势效益的同时，也要承受跨界合作带来的一些问题。只要是品牌之间的合作，就会牵涉出品牌各自的利益，每个品牌都想把自己的利益最大化，所以如何分配资源、如何平衡各个品牌的露出权益，都需要在跨品牌合作之前妥善解决，在执行的过程中更要兼顾各品牌的利益。跨界合作的复杂程度也就不只2倍。相信做过营销活动的人都深有体会，活动需要层层报备和审核，尤其是在大公司。如果是两个品牌之间的跨品牌合作，就需要两个公司的层层审核，在审核的过程中会因为不同人的观点、审美各方面的不同，导致项目里的细节需要反复修改，所以两个品牌合作，项目的难度往往不只2倍，项目进度的把控也会比原来更难。

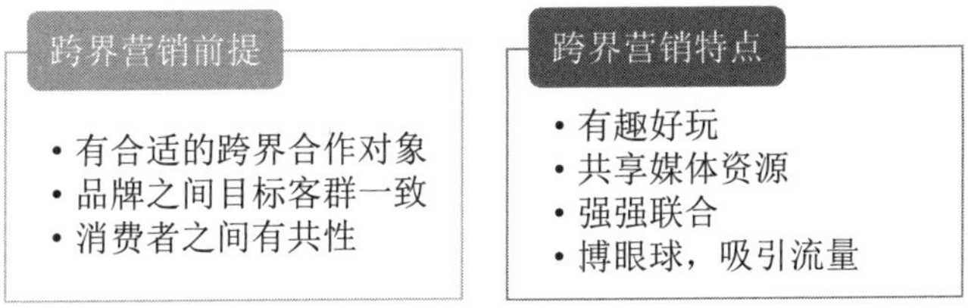

跨界营销前提	跨界营销特点
• 有合适的跨界合作对象 • 品牌之间目标客群一致 • 消费者之间有共性	• 有趣好玩 • 共享媒体资源 • 强强联合 • 博眼球，吸引流量

图31　跨界营销

9.2 跨界合作营销案例解析

跨品牌合作的项目，有的是一方占有绝对主导权，比如说 Uber 的跨界合作，大家最后都只记住了 Uber，但是不记得它到底和哪些品牌合作过。在这些合作案例中，Uber 就拥有绝对主导权的。还有一些项目，是合作方各自出资源，都想要效益最大化，这类的合作项目就很适合找第三方公关公司来执行。还有一种合作方式，就是某一方买另一方的授权资源，那么其中一方就有绝对的主导权，相当于只是资源的采购，而不涉及品牌的合作。现在比较流行的一种方式是，大家都买很热门的动漫形象 IP 来进行营销包装。本章会以几个例子来具体谈谈跨界营销合作怎么做。一次跨界营销要实现品牌互赢不是一件容易的事，那么如何整合双方的资源来提升各自的品牌和用户呢？看看下面这些值得借鉴的跨界营销案例吧！

9.2.1 只有想不到，没有叫不到：Uber 的"一键呼叫"

Uber 已经把"一键呼叫"做成了一个标志性的品牌营销案例，只要谈到"一键呼叫"营销活动，用户的反应都是有趣、好玩，Uber 能呼叫的东西总是超出你的想象。为了做夏天的高温补贴活动，Uber 策划了"一键呼叫"冰淇淋的活动，和海航集团合作推出了"一键呼叫直升机"，和互联网金融产品"壹钱包"推出"一键呼叫一个亿"，Uber 和麦当劳推出过"一键呼叫 U 堡宝"，与在行共享平台联合推出"一键呼叫额滴神"，与 HBO 电视推出"一键呼叫铁王座"（《权利的游戏》道具场景），与梦龙推出"一键呼叫冰淇淋"，与淘宝推出"一键呼叫移动试衣间"。除此之外，Uber 还能一键呼叫 CEO、明星，在曼谷能呼叫到泼水节雨衣。

我策划过一起和 Uber 跨界合作的"一键呼叫"活动，所以，结合实操案例来谈谈 Uber 的"一键呼叫"活动。

先来说说如何做"一键呼叫"跨界营销案例：第一步，确定合作品牌的合作意愿。Uber 一般会选择比较有趣的品牌来合作。第二步，确认双方能够提供的资源，包括媒体资源、费用预算、人力资源等。第三步，确认活动形式。这一部分可以说是关键，如何玩，怎么玩才会让用户觉得有趣，"一键呼叫"不是实物怎么办？这是整个活动成败的关键。第四步，确认活动细节，包括人力安排、活动物料、宣传资料、活动时间、活动车辆、活动地点、活动城市等。第五步，线上预热。品牌双方会准备好宣传资料，在媒体渠道和自有渠道进行大肆宣传 Uber 和某品牌即将要上线某一个活动。第六步，活动现场执行。在 Uber 打车界面有"一键呼叫×××"的按钮，用户就可以直接打活动车。第七步，活动照片等素材的二次宣传。进行二次宣传，使得活动传播价值最大化。基本就是这七步，活动可大可小，全在于合作方的预算和本次活动的期限。

图 32　Uber 的"一键呼叫"跨界营销

Uber 做"一键呼叫"某样东西的时候，其实活动车辆是很少的，以明星为例，明星只有一个人，就算这个明星一天 8 小时都在开 Uber，不吃不喝半小时接一单，一天也只能接到 16 单，那么对于有几百万甚至上千万人口的城市来说，能够打到 Uber 的活动车真是比中彩票还难。所以，实际上 Uber 这种"一键呼叫"活动对于大部分线下实际打车的用户来说覆盖面很小。Uber "一键呼叫"营销活动最大的价值是媒体传播价值，通过媒体传播，让用户进行二次传播。虽然用户没有享受到这个"一键呼叫"的活动车，但还是有很多用户自发地参与这个事件的传播。因为 Uber 抓住了用户的好奇心，每一次"一键呼叫"的内容都是和热点事件相结合的，每一次呼叫的内容也是让人意想不到的。因为每一次"一键呼叫"都有新意，所以媒体也很乐于自发地去传播报道，再加上有趣的内容，用户也很乐于去传播。

Uber "一键呼叫"最终的受益方还是 Uber 自己，很多其他品牌想借着 Uber "一键呼叫"扩大品牌影响力，纷纷和它合作，但是最终用户只记住了

Uber，很多品牌都是昙花一现，只能算是一个营销活动，而 Uber 则把这个做成了自己的品牌资产。当 Uber 把"一键呼叫"做成一个具有口碑的营销事件以后，这个活动的品牌价值就体现出来了。根据 Uber 员工介绍，每个城市的"一键呼叫"活动价值不一样，所以对待合作品牌的条件是不一样的。一些热门城市，想要和 Uber 合作的品牌，还需要合作费用、媒体推广预算等，因为很多品牌都等着和 Uber 合作；一些比较冷门的城市，则不需要这笔费用，但是 Uber 自己则很少有费用来支持这个活动。即便是这样，品牌还是愿意蹭一蹭 Uber "一键呼叫"的活动，这就是品牌效应的溢价。

跨界合作营销案例很多，很多品牌之间的跨界合作是一次性行为，而且双方品牌都处于一个平等的地位。只有 Uber 的"一键呼叫"的跨界合作，可以说是一个现象级的案例，最终做成了品牌资产。所以 Uber 和其他品牌合作"一键呼叫"营销活动的时候处于绝对优势地位的。

9.2.2 跨界合作开启时尚潮流：优衣库的 UT 系列

优衣库每个季节的 UT 把文化衫做成了一种风潮，Kaws 的史努比、迪士尼、星球大战、乐高系列、漫威动画系列、耳熟能详的卡通形象一个个都变成了 T 恤衫上的印花图案。UT 系列成了一种潮流文化的代名词，很多人都为抢购优衣库推出的 UT 系列而排队。这就是优衣库和卡通形象跨界玩出的花样。

UT 诞生于 2003 年，最初只是印着卡通形象的 T 恤。到了 2006 年，优衣库请来了当时在日本广告与设计界颇有名气的设计师佐藤可士和担任艺术总监，并开始尝试跟 103 家公司 127 名设计师共同合作，希望 UT "More than just a T-Shirt"成为一种自我宣言。我们来看看 UT 系列主要的作品：

——优衣库和迪士尼。早在 2009 年，优衣库第一次和迪士尼合作，在当年推出了印有米奇和米妮等迪士尼标志性经典角色的 UT（优衣 T 恤）系列；到了 2015 年，优衣库和迪士尼展开了深入的合作，提出了 "Magic for All"的口号，和迪士尼联合开了一家旗舰店。

——优衣库和 Line Friends。这是一个韩国的社交软件，类似于中国的微信，因为《来自星星的你》而走红。优衣库和 Line Friends 合作，把你喜欢的 Cony 兔、Brown 熊、Moon 馒头人、Sally 小黄鸭、部长等都印在了 UT 系列 T 恤上。而且这一系列的跨界合作，使得 UT 系列在国内知名度大大提升。

——优衣库和 Kaws。优衣库把 UT 系列的跨界合作风吹向了时尚潮流艺术领域，推出了联名款的 T 恤、家居鞋和手提包，包括 23 种图案、19 件单品。Kaws 是美国涂鸦大师、潮牌 Original Fake 的创始人，在艺术潮流领域享有较高的知名度，也拥有一众粉丝。和 Kaws 的跨界合作奠定了 UT 系列走在时尚潮流领域的地位。

——优衣库和哆啦 A 梦。《哆啦 A 梦》是很多小伙伴童年时的回忆，大家都想拥有一个万能的朋友哆啦 A 梦，优衣库洞悉了消费者这一心理，优衣库就联手知名艺术家村上隆，一同把哆啦 A 梦带回到我们的生活当中，围绕哆啦 A 梦这一经典漫画形象推出了一系列 T 恤单品。村上隆将哆啦 A 梦原著漫画图案结合其标志性的"太阳花"图案，混合出绚彩新奇的视觉效果。

——优衣库与《周刊少年 Jump》50 周年纪念款系列。《周刊少年 Jump》主要连载了大家所熟知的漫画，如《足球小将》《海贼王》《龙珠》《死神》《火影忍者》。优衣库把这些经典的动漫形象都变成了 T 恤的插画图案，印在了 UT 系列上。

——优衣库与《暴雪娱乐》系列。暴雪娱乐公司受好评的 6 款游戏分别是《魔兽世界》《守望先锋》《炉石传说》《暗黑破坏神Ⅲ》《星际争霸Ⅱ》《风暴英雄》，优衣库 UT 系列从这 6 款游戏寻找设计灵感，把游戏的形象应用到 T 恤上。

——优衣库与漫威。优衣库携手漫威推出了 2018 UT 设计大赛，从世界各地征集了超过 8500 件的原创 T 恤设计，主要设计灵感来源于漫威的英雄形象人物，从中严格挑选了 17 件优秀作品作为本季 UT 单品。

……

这些跨界合作的动漫卡通形象，几乎囊括了我们所有的回忆。不管是游戏、动漫，还是英雄人物、潮流文化，优衣库一概收入 UT 系列。这些跨界合作的营销前提是这些形象在消费者心目中有深刻烙印，不同的人能从不同的形象中找到共鸣。很多人不能理解，一件简单的 T 恤印上了各种各样的形象图案，就能引起消费者哄抢（每次优衣库出 UT 系列都会引发优衣库门店排队抢购潮）。用户买这件 T 恤，并不是因为好看，而是因为这是一种潮流的代表，更是因为这件 T 恤引起了用户的共鸣和某种情怀。

不断为跨界合作寻找新的元素和方式。优衣库和迪士尼的合作从 2009 年就开始了，但是优衣库不满足于仅仅把迪士尼的图案印在 UT 系列的 T 恤上，所以在 2015 年的时候和迪士尼展开了深度合作。2015 年 9 月 27 日，优衣库和迪士尼合作的 Magic for all 概念店，在上海淮海路上以全球最大的优衣库旗舰店正式对外开放。除了形式之外，优衣库也在不断寻找新的跨界合作的元素，从迪士尼、动漫形象、游戏、潮流文化，可以说不放过任何一个年轻人感兴趣的元素，不局限于满足销售一空的合作款系列，而是不断地挖掘新鲜的元素，为 UT 系列做跨界合作。

优衣库会给予 UT 系列大力的营销推广支持。每一次合作款的推出，优衣库从媒体资源投放预热，到门店黄金陈列位置销售，到大幅门店海报宣传等都铆足了劲，使得每一次 UT 系列跨界合作新品一出，就会引发门店排队抢购。

9.2.3 快时尚的奢侈品设计风格：H&M 傍大牌设计师

说起服装品牌的跨界合作，最爱"傍大牌"的快时尚品牌非 H&M 莫属，H&M 曾陆续与 Versace、Chanel 的 Karl Lagerfeld（设计师名）、Lavin 的 Alber Elbaz、Roberto Cavalli、Marni、Stella Mccartney、Alexander Wang（设计师名）等大牌及设计师们合作推出联名系列。这种傍大牌式的跨界合作方式可谓让"平民百姓"兴奋了一把，付着 H&M 的价格，享受着大牌设计师们的产品，好像买到了 H&M 大牌设计师推出的联名款系列产品，自己半只脚就已经跨入了上流社会，瞬间拥有了对奢侈品指点江山的底气。

H&M 选择的跨界对象和自己的品牌定位非常契合，H&M 本来就是通过不断模仿奢侈品品牌，把消费定位于时尚平民。购买 H&M 服装的消费者，内心对于时尚和奢侈品的需求是很强烈的，但是这些人往往又没有消费真正的奢侈品的能力。H&M 就是把消费者内心的这种欲望引爆,通过和奢侈品品牌合作推出联名款,让 H&M 所有的伪大牌变得名正言顺,对消费者来说这些合作款的档次简直就是奢侈品。H&M 跨界合作的品牌,往往是具有影响力的大品牌,这样能够提升其溢价能力。对奢侈品品牌来说,H&M 这样的快时尚能够带来流量,让更多的人了解了自己的品牌。除了 H&M 之外,优衣库也推出过大牌设计师联名合作款产品,优衣库当时是请了 Lemaire 的设计师,联名设计了几款跨界合作的产品,这些产品具有很强的 Lemaire 风格。整体设计简洁大方,很符合奢侈品品牌的格调。

对于大牌来说,快时尚能够带来流量。快时尚的消费者不是奢侈品品牌的目标客群,所以和快时尚的品牌跨界合作,不用担心自己的真实客流受损失。大品牌也需要人气和流量,也需要被更多的人知道,也需要被更多的人认知,这样真正有实力购买这些产品的用户,才会觉得有被普通群众仰望的优越感。而合作联名款正好可以打开大众的认知观,打个比方,在优衣库和 Lemaire 合作之前,我不知道有 Lemaire 的品牌,但是这个品牌和优衣库合作后,我就认识了这个品牌。这就是和人气很足的品牌跨界合作对大牌来说最大的价值。对于快时尚来说,大品牌联名款产品能提升品牌价值,提升产品的议价能力,让消费者买到真正的"大牌设计"产品。大部分人不能随意地想买香奈儿就买香奈儿,但是大部分人却可以做到想买 H&M 就买 H&M,所以 H&M 把香奈儿的设计师请过来,为 H&M 设计衣服,这就满足了大部分人毫不心疼地买大牌设计师设计的产品的心愿。双方合作能带来很多有价值的媒体报道,能迅速提升其知名度和销量,双方跨界的价值就迅速达到最大化。因为跨界合作具有足够的体量和话题性,所以媒体愿意自发地报道,用极小的传播成本,制造热点话题。

不过,想要和大牌的设计师合作,要求也是很苛刻的,一般很小型的服装品牌很难玩转这种和大牌设计师跨界合作的营销模式。这种营销模式就是为大体量的品牌准备的,例如要和香奈儿合作,那么这个品牌除了具有较亲民的价格定位之外,品牌的实力要很强,品牌的影响力也很大,比如优衣库的创始人柳井正一度是日本首富。

9.2.4 外形上的绝配跨界：ofo 和小黄人

2017 年《神偷奶爸 3》这部电影上映，引爆了各大品牌的小黄人借势营销大战。很多品牌和"小黄人"这个热门大 IP 进行了跨界合作。比如支付宝、PUMA、炫迈、麦当劳、旁氏、优衣库等。和小黄人 IP 合作，ofo 单车享有先天的优势条件，说 ofo 小黄车和小黄人是天生一对，相信没有人反对，ofo 和小黄人进行跨界合作，也就是顺理成章的事情了。

利用这先天的优势，ofo 和小黄人展开了深入的合作，ofo 在一二线城市投放了 5 万辆"大眼车"，不是简单地把小黄人的花案印上去，而是把小黄人最有标志性的一对"大眼睛"移植到自行车上，搭配小黄车，活脱脱一个自行车版的可爱"小黄人"，萌翻了一众女生。投放了这么大量的"大眼睛小黄车"。借力这个全球知名的 IP 小黄人，ofo 开始了造新车（大眼睛小黄车）、开发游戏（小黄人在 H5 自行车厂造车）、上头条（小黄人头条）以及张贴超级长幅的地铁宣传海报，同时刷爆线上线下，借助这一 IP 合作提升用户品牌认知，强化差异化。

第一阶段：一个充满悬疑的主题预热

一般品牌在正式宣布合作或者发布某一个具体的产品前，都会用悬疑的方式预热，以吊足用户的"胃口"。ofo 和小黄人的先天优势，ofo 推出了一个有趣的主题：我们"黄"在一起，让人联想翩翩。

第二阶段：电影上映前预热

H5 和地铁广告。6 月 30 日的时候，ofo 发布了"小黄人工厂"，这是一款 H5 形式的游戏，但是这次 ofo 采用的是 3D 建模的画面，以小黄人造单车为本次 H5 的形式，这和小黄人的特性以及 ofo 的品牌调性都非常吻合，让用户忍不住遐想，自己骑着的单车正是小黄人工厂造出来的呢。2017 年的时候，地铁流行长文案，公众号流行长图，ofo 就做了一张又黄又长的 3D 长图地铁广告来预热这次合作。

第三阶段：电影上映当天活动

电影上映当天才是本次营销活动的高潮，所以在电影上映当天，ofo APP 当然也不甘示弱，点开 ofo 小黄车 APP，眼前一片黄，在 APP 骑行界面融入了很多小黄人的设计元素，而活动当天骑行就能集卡，赢 77.77 之现金大奖。

仔细研究 ofo 和小黄人的跨界营销合作，也是万变不离其宗。仔细剖析每一个阶段就会发现，玩法无非是悬疑预热、H5、地铁长图海报、APP 活动、送现金这些老掉牙的形式。但是在用户看来，这次的 ofo 和小黄人的合作却充满了创意，最主要的是视觉冲击。这次的跨界合作就抓住了"黄"这个视觉的关键词，整个营销活动视觉一"黄"到底，用户立马就能联想到 ofo 小黄车，以视觉为创意基础，再加上 H5 以及上头条引入一些创意性的内容，对用户来说就很受用了，觉得这是千篇一律营销中值得记住的一抹"黄"。

图 33　ofo 与小黄人的跨界合作

9.2.5　最意想不到的跨界：六神与 RIO 鸡尾酒

要说 ofo 和小黄人是天生一对，跨界合作也在意料之中，那么六神花露水和 RIO 鸡尾酒的合作则是意料之外的，让人最无法想象的两个品牌竟然做了跨界合作。两个品牌联合推出"体内外驱蚊套装"——锐澳•六神风味鸡尾酒，本次联名发售的套装包含 1 瓶"外用"的六神花露水和 2 瓶"内用"的 RIO 特调酒。RIO 鸡尾酒瓶的外形、颜色、瓶身设计和六神花露水的相似度高达 90%，一不小心错拿六神花露水当六神风味鸡尾酒来喝，就真的要凉凉了。本次联名款产品主打夏季清凉，一是夏日解暑圣品，一是夏天防蚊必备品，可谓是吊足了年轻人好玩有趣的胃口，让年轻人自主转发和分享，让有趣延续，也是其打造营销爆点的用意。对于本次跨界合作，网友们更是议论纷纷，"干了这杯六神，从此百蚊不侵""我终于可以喝六神了""喝了，今晚可以不用点蚊香吗？"

本次联名款合作是天猫国潮行动团队牵线的，也是国潮行动策划之一，所以天猫自然是本次联名款产品的主力销售渠道。根据数据显示，本款产品于 2018 年 6 月 6 日零时预售，RIO 鸡尾酒和六神花露水的联名款产品于天猫"6·18"活动上正式首发，限量供应 5000 瓶，17 秒内秒光。据 RIO 电商总监唐慧敏介绍，这次跨界营销比销量更重要的是，单就预售及正式售卖期间，RIO 就在品牌数据银行里收获了 A-I-P-L，即认知（Aware）、兴趣（Interest）、购买（Purchase）、忠诚（Loyalty），全链路消费者 21 万。

这两个品牌在产品属性上没有共同点（日用品和酒），在品牌文化上更没有共同点，国货和潮牌，不管怎么看都是千差万别，不可能联系在一起，但是这两个品牌合作了，并且做出了大家意想不到的产品。当时这个案例被刷屏，两个最不能跨界的品牌竟然跨界了，完全超出了大家的想象空间，用户自然就会有好奇心而持续关注品牌。

国货品牌开始突破自身，大胆创新，不再是不食人间烟火的老古董了，也不再是大打爱国牌来绑架年轻人的消费，而是主动投身时尚潮流，拥抱潮流品牌来取悦年轻的消费者。文案也不再是端着的了，而是迎合了年轻人的喜好，在包装盒里出现了这种很具有网感的文案："谁喝谁知道，喝了都得凉""喝一口，六神无主""RIO 六神风味，一口凉凉送给你"。

这种趣味性的玩法对年轻人来说可谓屡试不爽，这种玩法大概也抓到了"无聊"的年轻人想要为生活增加一点"恶搞"或"好玩"情趣的卖点。

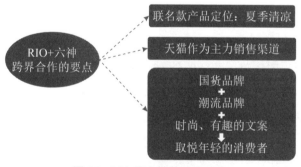

图 34　RIO 和六神的跨界合作

9.2.6 把碳酸饮料卖成时尚单品：可口可乐和潮牌的跨界合作

优衣库通过和动漫卡通进行跨界合作，把 UT 系列做成了一种年轻人追逐的时尚。时尚领域是年轻消费者关注度最高的，而可口可乐的主要目标客群就是年轻人。可口可乐选择通过不断和各大潮流品牌合作，试图改变自己在消费者心目中"不健康的碳酸饮料"的形象，树立自己代表的是时尚潮流的一种文化。可口可乐不断地将品牌元素与精神融入潮流中去，以此来强化自己的时尚潮流基因。可口可乐，几乎每隔几个月就会以潮牌联名方的身份出现在时尚圈。

可口可乐与美国唇膏品牌 Lip Smacker 联合推出过可口可乐铁盒收藏版汽水味润唇膏。

可口可乐与 The Face Shop（菲诗小铺）联名推出合作款化妆品，联名款包括 9 色眼影盘、气垫 BB、粉饼、唇膏、唇釉和染唇液 6 个品类，其中气垫 BB 有 2 个色号，唇膏和唇釉分别有 5 个色号，染唇液 3 有个色号。

太平鸟近几年得到消费者的喜爱，在时尚潮流圈占据一席之地，所以可口可乐选择和太平鸟跨界合作，也是理所当然的事情。本次合作系列包括 T 恤衫、衬衫、短裤、外套、连帽卫衣，合作形式主要是把可口可乐的经典元素作为太平鸟产品的设计图案，使得本次系列产品既具有强烈的可口可乐的经典红白视觉冲击，又符合太平鸟时尚潮流的品牌定位。

可口可乐与 Herschel Supply Co. 的跨界合作为突出合作的环保主题，所有包款原材料均来自回收的可乐瓶，黑、红两色打底，用各国文字书写的 Coca-Cola 字样铺满整个包面。

可口可乐与 PINKO 品牌推出了可口可乐标志色的迷嘻风格的运动衫以及 T 恤。

确认过眼神彼此就是对的跨界合作对象。可口可乐与日本钟表品牌 Seiko 推出了一系列以红、白、黑 3 种颜色所构成的、复古感觉强烈的挂墙时钟、闹钟系列。

……

虽然可口可乐和这些不同品牌、不同品类进行跨界合作，但是两条主线一直贯穿于这些跨界合作。

第一条是可口可乐的红白经典形象的输出。不管是与哪个品牌进行跨界合作，大部分产品的设计都离不开红白这两个主色系，或在产品包装上印上可口可乐的经典图案，或把可口可乐的经典 Logo 元素化生为印花花案，或只取红白的经典元素重新设计。不管是哪种形式，让人看到跨界合作的产品，就能联想到可口可乐这个产品。

第二条是时尚潮流品牌。可口可乐的目标客群是年轻人，所以可口可乐要打造"喝可口可乐是一种时尚的潮流"这一形象。基于此，可口可乐在选择跨界合作的品牌时，优选时尚潮流圈的品牌，品牌知名度不一定高，但都是一些被时尚潮流圈所认可的品牌。

可口可乐和 Uber、优衣库一样，把跨界合作做成了一种专属的品牌文化，Uber 专注于"一键呼叫"，优衣库专注于打造 UT 系列（多数和卡通形象跨界），可口可乐则专注于时尚潮流，可口可乐看中的就是时尚的潮牌——受年轻人喜欢的品牌。这种定位和可口可乐定位的消费群体有很大的关系，可口可乐不仅仅是一种饮料那么简单，"二战"以后可口可乐的文化和美国好莱坞、摇滚一样作为一种美国文化向全世界输出。

品牌之间跨界营销的案例实在是太多了，大大小小、知名或不知名、形式各异、效果各异。国内国外各种跨界营销案例层出不穷，本章不能一一详细解析。有兴趣的读者可以自行再去搜索这些案例：ofo 和士力架，科沃斯机器人和网易年度态度大赏，腾讯视频和 DQ，蚂蜂窝和杜蕾斯，周黑鸭和御泥坊，江小白和《后来的我们》，喜茶和 emoji，百雀羚和故宫，网易云音乐和亚朵酒店……

图 35　可口可乐跨界合作的两条主线

第10章 娱乐至死的时代 理解娱乐营销

娱乐是普通人重要的消遣方式,娱乐节目占据了用户的大部分业余时间,对于品牌来说,得用户时间者得天下。因为一个用户多刷了一个小时的抖音,意味着他就会少看一个小时的综艺节目。所以在娱乐至死的时代,娱乐化营销就成了企业营销的重要方式。

10.1 娱乐营销基础知识

综艺节目如雨后春笋般冒出来，各大综艺节目的冠名费动辄几个亿，但还是有很多品牌争先恐后地抢占冠名的机会。因为各大综艺节目占用了大部分用户的业余时间，而节目的收视率保证了品牌的曝光度，所以很多品牌可以通过冠名一个综艺节目而迅速打开市场。

1. 娱乐抢占了用户大部分业余时间

综艺、游戏、电影、电视、社交媒体基本上瓜分了用户的业余时间，这是一个娱乐至上的时代，用户把大部分时间用在了娱乐上。用户的时间花在哪里，营销的预算就应该花在哪里。所以娱乐营销成了大部分企业重要的营销策略，在娱乐节目中见缝插针，植入自己的品牌营销内容。

2. 娱乐的内容轻松有趣，更容易获得用户的喜欢

诺贝尔奖获得者的关注度远不如一个明星，制作方为什么愿意给明星发高片酬？因为明星有人气，人气能带来流量，流量能变现，通过给明星发高片酬，制作方能赚取更多的利润。可见，在这样的背景下，明星的人气和热度还是屡屡不减。综艺节目的数量也是有增无减。这些趋势都在表明一个事实——娱乐化的轻松愉快的内容更容易被大众接受。举个例子，一位知名的财经作家，在采访中自曝业余爱好是看韩剧，这让很多人吃了一惊。其实仔细思量就不会感到意外，平时工作中，他看的大多是财经类枯燥的内容，下班以后自然想看一点轻松愉快的内容。所以，自然而然地娱乐化的内容更受广大用户的欢迎。

10.2 娱乐营销案例解析

很多品牌开始纷纷设立首席娱乐官来统领品牌的娱乐化营销，因为娱乐化营销不是哪个节目火就投哪个、哪个明星热度高就签哪个那么简单。娱乐化营销也需要有一套完整的策略，考验的是营销的眼光，例如，能不能选好综艺节目，能不能选好电视剧植入，能不能选好符合自身气质的代言人。一次就投中一部爆红的电视剧基本上是不可能的，当时《来自星星的你》这部韩剧带红了很多品牌，而这些品牌投中《来自星星的你》这部电视剧之前已经投过几百个电视剧，最终才投中了这么一部，可见没有随随便便的爆红和运气。本章将会通过不同的案例来谈谈不同的娱乐化营销该怎么做。

10.2.1 土豪金主爸爸层出不穷：综艺节目赞助

《爸爸去哪儿》《奔跑吧，兄弟》《中国好声音》《奇葩说》……各个综艺节目如雨后春笋般涌现出来，因为综艺节目有高收视、高人气，让制片方赚得盆满钵满，所以才会有前赴后继者不断涌入。对于品牌来说也是一样的，用户的时间花在哪里，品牌的营销预算就要花在哪里。综艺节目这一块大的流量，当然是各大品牌争夺的重点，所以不管品牌营销预算如何，都想从综艺节目中蹭点热度、蹭话题、蹭流量。

综艺节目的娱乐化营销该怎么玩

第一类是财大气粗的金主爸爸直接冠名赞助。

这类企业一般非常土豪，这些冠名费基本上动辄上亿。加多宝从2012年开始冠名《中国好声音》，冠名费为6000万元；2013年，冠名费为2亿元；2014年，冠名费提至2.5亿元；2015年，这一费用进一步飙升至3亿元。但是，从专业的角度来看，加多宝与中国好声音合作的4年内，彼此相互成就。这类冠名赞助能为企业带来立竿见影的效果，加多宝就是凭借着《中国好声音》这个综艺节目的冠名，打了一场漂亮的"更名战"。王老吉和加多宝刚分家的时候，王老吉几乎是中国人餐桌必备的凉茶饮料，王老吉已经深入人心，认知度很高，而加多宝则是一个新出现的名称，很多人读"加多宝"这个名字都读不顺口，想要提高知名度很难。通过连续4年冠名《中国好声音》，潜移默化中"加多宝"成了一个很顺口的名字，想起王老吉来，还需要脑子里转一下，消费者的认知已经完成了从"王老吉"到"加多宝"的转变。

第二类是赞助商。

一般一个综艺节目的冠名商只有一个，但是赞助商可以有很多个。赞助相对于冠名来说更具性价比，只要玩得好，照样能以小资源撬动大传播。赞助《爸爸去哪儿》第一季的英菲尼迪就是这样一个赞助商。《爸爸去哪儿》让英菲尼迪一炮而红。在《爸爸去哪儿》之前，大部分中国人对于英菲尼迪毫无认知，但是成为《爸爸去哪儿》指定座驾以后，英菲尼迪高端座驾的身份立刻显示出来了。第一期播出后，英菲尼迪品牌负责人刘旭意识到这节目要大火，那个周末马上召集团队开会，在传统媒体、网站、线下配套投入宣传。最后的成果，刘旭总结：可谓用较少的投入，收获了几个亿才能达到的媒体传播效果。（来自虎嗅的采访）

第三类则是打擦边球、蹭热点，做产品场景植入等。

除了冠名商和赞助商这些花了大把金钱的金主爸爸们，还有大大小小的品牌企业也想蹭一点当红综艺节目的流量，但是往往预算不足。这时候很多品牌就会选择打擦边球。当时《爸爸去哪儿》节目火起来的时候，很多明星都是穿自己的衣服，这就给了服饰品牌植入自己品牌的机会。第二季中，安踏选择了吴镇宇家的费曼，安踏的高端品牌FILA选择了陆毅一家……因为《爸爸去哪儿》是户外运动类节目，所以最适合运动品牌做亲子类产品的植入，这种植入相比于第一类的冠名赞助的费用会少得多。因为我自己曾参与过类似项目，知晓这类费用预算在10万~50万元，明星本身的知名度决定整个费用。但是这种操作方式存在一定的风险，因为这些钱都是进入明星个人口袋的，和《爸爸去哪儿》节目组无关，只要节目组一卡这些内容，基本上露出就无望了。后面几期的时候，节目组对越来越多的Logo打了马赛克，就是想禁止这类打擦边球的行为。

如果这类项目做得好，就是一个以小博大的好方式，毕竟收视率摆在那里，明星的知名度也在那里。所以等到节目一播出，就在门店和互联网端进行大力宣传，用户就会把亲子类户外产品和这个品牌联系起来。只要进行适当推荐和营销，对销售还是有促进作用的。

10.2.2　明星代言是一把双刃剑

重量级烧钱的项目是综艺节目的冠名赞助，赞助费用已经从千万级别跳跃到亿级别。第二费钱的项目可以说是明星代言了。明星代言本身并不是特别贵，大部分明星代言费用在200万～600万元1年，而费用高就高在并不是请了一个明星代言以后所有的营销就结束了，销量就会自动"噌噌噌"地往上涨。如果一个品牌请了某个明星代言，不配以相应的广告渠道费用，那么明星代言的作用就会锐减。按照一种说法，明星代言的费用和渠道推广费用的比例是1∶6，也就是花了200万元请明星代言，那么意味着要有1200万元的渠道推广预算，这么一算，就立刻感觉到明星代言这个娱乐化营销的方式也是一笔堪比综艺赞助的费用了。

肯德基和麦当劳在中国走的是两条路线，肯德基选择明星代言路线，非常热衷于当红明星代言这件事情。从鹿晗、李宇春到TFBOYS，都是当下热门的明星。反观麦当劳，它不走明星代言策略。肯德基在中国市场要比麦当劳做得好很多，肯德基的市场份额大于麦当劳市场的现象在全球很少见。在大部分国家麦当劳统领天下，我在欧洲的时候，遍地都有麦当劳，却看不到肯德基。当地同学告诉我，全丹麦只有一家肯德基，在首都根本哈根。可以想见，肯德基在中国的成功是反常的，大部分人把肯德基的成果归因为代言人选得好。流量可观的当红明星备受肯德基青睐。

除了肯德基之外，争夺流量担当的还有手机品牌。VIVO有鹿晗，OPPO有周冬雨、李易峰，小米有吴亦凡，荣耀有胡歌、孙杨、赵丽颖，这些人都是当红的流量担当的明星。服装品牌也是请明星代言的重要行业，服装品牌明星代言找得好不好对品牌的形象有很大的影响。有名的一个案例是海澜之家代言人从印小天到李易峰的更换，使得海澜之家的形象发生大大改变，网友惊呼这还是海澜之家吗？

做明星代言的几个方法

1. 要做好渠道推广费用是代言费用 6 倍的预算，否则明星代言这件事情传播不出去，花在明星代言上的费用也会跟着打水漂。

根据现在市场的行情，比较普通的明星代言费用在 200 万元左右，那么这一次营销费用项目至少是千万级别的，所以大家根据企业预算进行预估。一旦请了明星代言，门店的渠道、媒体的渠道以及户外广告的渠道一定要铺广告，不然就相当于自嗨。

2. 明星的层次和形象也很复杂，一定要选择形象比较正面的，且和企业气质吻合的。

每次明星一出负面新闻，最担心的莫过于企业营销部门，但是明星比普通人出负面新闻的概率要大得多，吸毒、出轨、互联网骂战这种事情时有发生。和企业气质相符合的，比如欧舒丹选择了鹿晗作为代言人，这个气质是很符合的，鹿晗是万众少女心目中的"老公人选"，而欧舒丹是护肤类产品；欧舒丹的包装也很年轻化，用户群体相对年轻，和鹿晗的粉丝群体重合度就比较高。欧舒丹在"5·20"宣布鹿晗成为其代言人后赚足了人气。很多汽车、手表、钢笔品牌则会选择相对成熟的男性代言，比如陈道明。陈道明在娱乐圈的形象一直都比较正面，给人一种成熟稳重的感觉，而手表、汽车、高端钢笔消费的人群则是一群年龄略大的、事业有成的男性，陈道明的形象恰恰符合这些产品的气质和特性。

10.2.3 请不要在广告中插播电视剧：影视植入

翻拍的《流星花园》被网友戏称为"广告花园"，每一次火爆的电影和电视剧上线以后，最先被扒出来的都是电视剧里植入了哪些品牌的广告。要知道以前拍摄台版《流星花园》的时候，很多演员的道具是剧组自己采购的，现在演员的服饰、道具等都是品牌排着队送上门的。可见，电视剧和电影植入已经成了大多数品牌一种娱乐化营销的模式。最近大火的几部剧《我的前半生》《欢乐颂》，都有大量产品植入。网友更是戏称，光靠广告收入，这些剧的投资成本就能收回来。

在电视剧和电影中比较适合植入的品类有这些：零食、化妆护肤品、鞋服、手机。零食，比如三只松鼠；化妆护肤品，比如御泥坊；鞋服，比如伊芙丽等女装；手机，就目前来看各个品牌都有。因为这些是电视剧场景里最常出现的，尤其是在都市剧情中。电视剧里总有一个特别爱吃零食的人，有个用御泥坊的职场小白，有个穿伊芙丽女装的都市白领。大多数演员都会用植入品牌的手机。古装的植入就相对比较难，一般比较适合做植入的则是护肤品品牌，比如胭脂水粉类、阿胶养生类。这些产品都是经过再包装的，符合古装剧的包装才会被植入在电视剧里。这类植入不像都市剧那么自然，植入得都比较隐晦，全靠品牌后期二次传播，才能被观众看到。

1. 电视剧植入看眼光和运气

类似《我的前半生》《欢乐颂》这种比较火的电视剧，第一部广告植入的时候费用比较低，等到第二部的时候，广告植入营销费肯定是水涨船高。因为这些剧凭借着第一部的口碑已经积累了大量粉丝，第二部的收视率一般不会太差。但是很多电视剧的广告植入如泥牛入海。据说《来自星星的你》里面有个品牌，是在投了几百个电视剧以后，才投中了《来自星星的你》这部电视剧。所以，电视剧植入要看眼光，而想要成为刷屏级案例全靠运气了。

2. 电视剧植入要做二次传播，不然容易被淹没

很多电视剧植入的广告不自然，对于大部分用户来说还是很难和品牌关联在一起，尤其是服饰品牌，更不能赤裸裸地标个大 Logo。所以一旦确认了电视剧植入方案，品牌就要做第二阶段的推广方案。这个方案要包括媒体投放的方案和门店互动的方案，这个方案的主要作用是帮助观众把电视剧剧情内容和植入品牌产品联系起来，以真正对销售起到促进作用。

10.2.4 魔性洗脑式前置广告：弹好车

前置广告在生活中无所不在，电影院电影开场前的视频类 APP 的前置广

告长达 60s～90s，可见，前置广告已经成为 TVC 广告之外的又一视频类广告的重地了。这类前置广告有一个很大的特点——非会员不能跳过这些广告，这就意味着看剧要么买会员，要么看完前置广告，带有很大的强迫性。这和 TVC 广告是不一样的，遇到 TVC 广告以后，我们可以选择换台，等广告结束以后，再换回来。这和电视剧的插播广告形式很像，但是 TVC 广告都比较中规中矩，电视的黄金时代，媒体渠道资源才是重点（比如成为央视的标王品牌就可能一炮而红）。但是进入互联网时代以后，广告行业的内容则是百花齐放了，不同的内容就会有不同的欣赏群体，所以一般投放在互联网上的 TVC 广告更具有创意。

看了这么多前置广告，我印象最深刻的要属《弹好车》这个广告，这个广告词很顺口，露出频次很高，投放渠道也很多。多个 APP 前置广告和电影院都播放过这个广告。每次遇到《弹好车》的广告都是一阵洗脑式的魔音"你要换好车……你要换好车……"只有这一句歌词，调子又朗朗上口。这类洗脑式广告的鼻祖是脑白金，那句"今年过节不收礼，收礼只收脑白金"早就成了一句脍炙人口的广告语，就这一则广告在中国投放长达十多年了。脑白金通过这种洗脑式广告取得了很大的成功。

洗脑式广告成功的三大要素是朗朗上口、信息充足、不断重复。《弹好车》这个广告就做到了这三点，广告内容简单易记，朗朗上口，这种粗暴的洗脑式广告，让人一听就明白，就忘不了这个广告。再加上《弹好车》这个广告不停地大面积投放，时不时地在人们耳边响起，想不记住都难。一些其他广告语，如奢华大气、源自澳洲、天然营养等这些看着很高级的文案词汇，传播到用户那里的时候，就会发现用户记不住这些高端大气上档次的词汇，也不能将其和广告对应起来。每个广告都在诉说自己的这些特点，此广告最终淹没在茫茫的广告中。

用户是没有耐心去看前置广告的，包括在剧情中间插入的广告。试想一下，用户沉浸在精彩的剧情中，却突然跳出了广告的情景，是不是很让人讨厌？所以这类广告应该要做得有趣、特别、让人上瘾，吸引观众耐心看完。

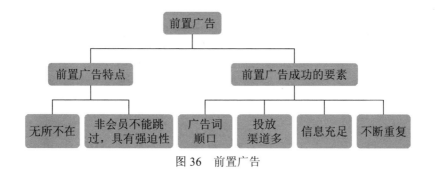

图 36 前置广告

10.2.5 广告与电视剧浑然一体：《那年花开月正圆》爱钱进 APP 植入

说起小剧场广告，可以追溯到我们童年的记忆《武林外传》，唐门不粘锅、鸟牌皂角粉、白驼山壮骨粉都植入在电视剧的小剧场里。"小剧场"有别于单纯的广告植入，也有别于电视的前置广告。一般小剧场会根据电视剧的情节进行植入，拿《那年花开月正圆》来说，电视剧里的少奶奶是个赚钱的高手，所以在很多有关赚钱的镜头后面植入了一段小剧场，教你如何赚钱，最后落脚到爱钱进理财 APP。小剧场的演员和形式都和正剧的内容很接近，演员是同一批，都是古装的，第一次看到这个小剧场的时候以为是正剧走偏了路线。通过多次重复出现，当我看完整个电视剧时，我就记住了爱钱进理财 APP。

1. 小剧场和电视剧浑然一体，没有违和感，剧情代入感强烈

因为小剧场内容是完全契合电视剧而拍摄的，所以插播这个小剧场的是很顺其自然的，不会让人有跳戏的感觉，很多人会自然而然地看下去。但是硬性植入的 TVC 广告则不一样了，不管是植入在开始前还是强行植入在剧情中间。因为广告内容和剧情完全毫不相关，突然出现广告以后用户需要转变整个思维才能接受，所以广告植入很强硬。而且不会发现，大部分用户是完全不会从剧情延伸到广告内容上的，所以电视剧播完以后，广告内容就被人们遗忘了。

2. 比软植入更加的直白易于记住

很多电视剧里软植入的产品，如果不是品牌后期大力宣传，用户看电视

剧的时候可能不会发现，甚至不知道软植入了产品。小剧场正好是介于软植入和 TVC 广告之间，不像 TVC 广告那么直白粗暴，又比软植入的广告直白了很多。小剧场相当于几秒钟的时间都是这个植入广告主的，他们可以直接宣传自己的产品，通过多次的重复，最终让观众记住这个产品。

10.2.6　品牌无形资产之定制剧：《无懈可击之美女如云》

品牌定制剧，又名广告定制剧，是企业根据其品牌特点、品牌形象和经营理念等投资拍摄的电视剧。电视剧的广告植入简单粗暴，植入品牌又多，观众对于植入的品牌印象不深，所以很多有预算的企业开始选择企业定制剧。品牌方参与品牌定制剧，从编剧、拍摄到后期的整个制作流程，广告植入更加自然。电视剧专门为这个品牌定制，给观众的印象更加深刻，有效避免了传统影视剧植入的问题。

《丑女无敌》是多芬拍摄的定制剧，这之后联合利华又投资拍摄了职场暑期档大片。

比较成功的品牌定制剧是"无懈可击"系列电视剧，这一系列是清扬为宣传产品"无懈可击"这个卖点而定制的。首次播出是在 2010 年 8 月，《无懈可击之美女如云》在江苏、安徽、天津、重庆四家卫视联合首播。根据有关数据调查结果显示，节目播出后，"无懈可击"和"清扬"关键词的搜索量在网络搜索引擎上升了 6～10 倍，清扬品牌的认知度达到 97.66%。第二季《无懈可击之高手如林》在当年网络点击量创下超 1 亿元的成绩，《无懈可击之蓝色梦想》是清扬"无懈可击"系列电视剧第三季，一经播出就取得了骄人的收视率。

在这部定制剧里，不是简单的产品植入和台词植入，而是回放了清扬进入中国市场，把系列推广活动委托给朗雅公关等剧情。从开始的品牌的推广如何展开、定位如何，到广告创意思路如何衍生，市场上的激烈竞争如何应对等都一一呈献给了观众，将品牌推广故事全盘融入剧情当中去。

当然定制剧播出以后，清扬又做了系列营销活动，通过网络和其他媒体平台把"无懈可击"四个关键字和清扬这个品牌紧密联系在一起，"无懈可击"系列电视剧更是成为清扬的一种无形资产。直到现在，我对清扬产品的印象还牢牢停留在去屑洗发水这个产品上。

图37　品牌定制剧的特点

10.2.7　讲故事开始大行其道之微电影：新百伦《华生逆袭夏洛克》

在微电影的营销方式正式火起来之前，大部分品牌对于视频类宣传还停留在品牌 TVC 中，而 TVC 为时十几秒，因为投放电视媒体都是按照秒来计费的。

2012 年，聚美优品推出了一段介于 TVC 和微电影之间的广告片《我为自己代言》，时长 1 分 39 秒，被称为史上最长的 TVC，投放在了湖南卫视的黄金时间段。这是微电影的雏形。通过这则《我为自己代言》，陈欧体被广泛模仿和传播，当时是聚美优品的黄金时代。

第一部真正意义上的微电影是新百伦在 2014 年推出的《华生逆袭夏洛克》。这个微电影随着公众号的火爆在朋友圈率先刷屏了，把新百伦 574 型号的鞋款带火了，大部分人知道 574 这个鞋款来源于这个微电影。

这部微电影时长 7 分 52 秒，是一部青春爱情剧，讲述了华生为聪明绝顶的女友夏洛克制造惊喜的浪漫求婚故事，通过幻灯片为夏洛克营造两个人以后生活在一起的不同镜头，幻灯片结束，华生向女友求婚，最终感动了女友。同时，新百伦将自己最新一季的主打产品通过漫画的形式植入在视频中，视频结尾处是："青春永不褪色，正如 574 三原色。"整个视频与最新一季的主打产品年轻系列 574 的契合度极高。《华生逆袭夏洛克》中的求婚桥段本就是年轻人极度喜欢的，精美的视频引起无数年轻人自发地传播，最后产品的特性随着视频一起推送到精准消费群视野中。2014 年微信公众号刚发展起来，朋友圈还没有被微商占领，当大部分的品牌还在拍 TVC 的时候，新百伦的这部微电影在朋友圈刷屏了。微电影的拍摄形式很新颖，是通过幻灯片不停地变幻来推动故事情节发展的，鞋款的软植入在男女主角上。许多人不仅主动转发，还强烈要求自己的朋友去看。

紧接着，新百伦又推出了《致匠心》微电影，3 分 31 秒的视频以音乐人李宗盛自述为主线，欧美匠人做新百伦的鞋子为暗线。自述的文案有触动人心的地方，比如说到精工物件最珍贵的地方就在于人，因为人有信念、情怀、态度等，再比如人一辈子得做点事情，至少对得起光阴岁月。文案牢牢抓住人对于完美的追求之心，迅速引起观看者的共鸣。

整段视频没有一处提到新百伦的鞋子做工是如何精良、品牌是如何优质这样的字眼，但是通过李宗盛对于音乐、对于吉他、对于自己心路历程的分享，他在做吉他的时候对于原材料的不将就暗示了新百伦选取原材料的不将就，他对于细节的把控暗示了新百伦鞋子对于细节的专注，由此来为新百伦鞋子做工精良背书，非常易于被观看者接受。

这段视频启用了音乐人李宗盛，李宗盛的气质和新百伦要表达的匠人精神高度吻合。李宗盛入行 30 年，写了近 300 首歌，在音乐人中是不算多产，但是他对于音乐的专注、对于细节的把控、对于完美的追求，却是音乐人最珍贵的品质。这表明他要做的绝对不是粗制滥造的音乐，而是要对得起光阴岁月的艺术作品。这样一个明星，与新百伦想要表现自己的产品并非是粗制滥造的产品特质非常吻合。

在《华生逆袭夏洛克》之前还有一个片子《我的前任是极品》，在《致匠心》之后还有一个片子是《伤心料理》，不过这两个片子都没有火爆。

随着自媒体渠道的火爆，微电影营销已经成了一种常见的营销方式。每年在营销圈里都会有 1～2 部微电影成为经典案例，比如 2017 年的《总有人偷偷爱着你》是 999 感冒灵出的一部情感类微电影，当时感动了很多人。具体的案例不再展开，下面的内容来谈谈微电影营销。

1. 微电影有别于 TVC

聚美优品的一则《我为自己代言》的广告带点微电影的情节，但是最后还是投放在湖南卫视了，所以从定性上来看更像一则比较长的 TVC。一般 TVC 拍摄相对粗暴，产品信息也简单明了，尤其是有新品上市的快消品，更是简单直白地在 TVC 里面告诉用户。TVC 更侧重广而告之，因为最终是要投放在媒介渠道。最主要表达的意思是：我有产品上市了，你可以来买了。微电影则不一样了，微电影更侧重讲故事，引起用户的情感共鸣，通过情感共鸣再从暗线上植入产品或者品牌信息。微电影的投放渠道一般都会在社交媒体，社交媒体的投放不是按照时间来算的，而是按照单篇内容来算的。微电影更侧重引起用户的自发传播，因为用户对这个故事感兴趣，所以看完以后愿意分享给自己的朋友，或者分享在朋友圈。新百伦的两则微电影都是这个模式，明线都是在讲故事，品牌信息和产品信息都在暗线中递进，通过用户传播故事，最终达到传播品牌的效果。

2. 微电影也是需要通过投放媒介渠道而传播起来的

社交媒体的兴起，一定程度上培育了微电影。看着新百伦《华生逆袭夏洛克》电影的火爆，相信很多品牌眼红过，甚至模仿拍摄过类似的微电影。不管是微电影还是其他形式，好东西的传播前提是要有一批种子用户，只有种子用户才能把好的内容进行传播。所以微电影也需要一定比例的媒介投放，才能真正传达到用户。

3. 微电影的拍摄不要主次颠倒，要确立好主题

因为微电影的拍摄是讲故事，很多故事讲着讲着就会讲偏，和原品牌要表达的信息不一样了。所以在微电影拍摄之前就要确立好主题，故事情节要和品牌要表达的信息高度一致，这样最后微电影被传播出去的时候，相应的品牌信息也能随之传播。

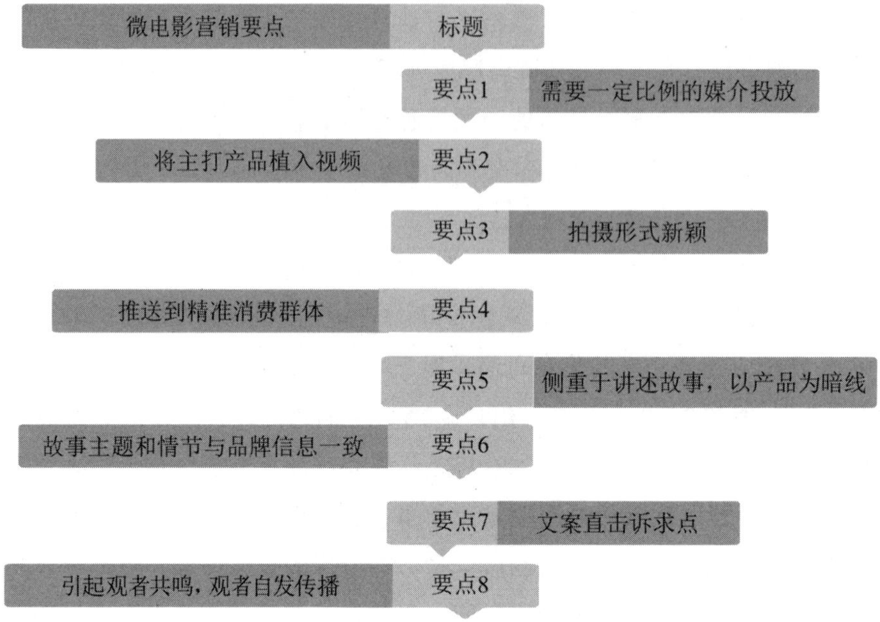

微电影营销要点	标题
	要点1 — 需要一定比例的媒介投放
将主打产品植入视频 — 要点2	
	要点3 — 拍摄形式新颖
推送到精准消费群体 — 要点4	
	要点5 — 侧重于讲述故事,以产品为暗线
故事主题和情节与品牌信息一致 — 要点6	
	要点7 — 文案直击诉求点
引起观者共鸣,观者自发传播 — 要点8	

图 38 微电影营销

第11章　审时度势造声势 理解大型活动营销

每个有影响力的品牌都会举办或者赞助大型活动，这些大型品牌活动能有效提升品牌的影响力。一个品牌一年执行的大型活动不过几场，因为大型活动预算多，执行周期长，需要投入大量人力，执行难度大，短期效果不明显。所以很多小公司一般不会做大型活动，只有那些大品牌，才会通过大型品牌活动来提升自己的知名度。大型活动做得好，很有可能会一举成名。

11.1 大型活动营销基础知识

大型品牌活动筹备时间长，持续时间久，前期有预热，中期有推广，直到最后达到引爆的效果。大型活动分成两大类，第一类是世界级的大赛，例如世界杯、NBA、奥运会这种世界级别的体育赛事，没有任何一家企业有能力单独承办这样的赛事，这都是举一国之力办的赛事，也是世界瞩目的赛事。针对这类赞助活动，企业都会提前很久开始准备，从赞助资格的获得到赞助方案的制定，再到根据赞助方案确定企业的整个营销活动。项目的周期往往长达好几年。第二类则是企业自己出钱出力主办的大型活动，比如音乐节、品牌巡回展、线下大型活动、新品发布会、美食节等，从前期的策划到最终的执行都由企业来承办。如果活动做得有影响力，主办企业还能拉赞助商参与本次活动。

持续赞助某一类型的大型活动有助于塑造品牌的形象。耐克通过赞助NBA、马拉松等这些竞技类活动，塑造自己的体育精神。这些为了塑造自己品牌形象的赞助活动，企业更看重的是品牌文化和理念的传达。这类大型活动的赞助合同都是三年起签的，也就是一个大型活动企业会连续赞助三年以上，有些则时间更长，主要是因为短期内很难强有力地塑造品牌形象，所以通过长期赞助，让品牌深入消费者心中。

虽然大型活动看着复杂，执行难度大，但是如果把大型活动进行拆解，离不开所有活动策划的四个主要阶段。

第一阶段是市场调研阶段。

这一阶段在第 2 章已经介绍过了，此外不再展开叙述。

第二阶段是创意策划阶段。

大型品牌活动和所有其他活动一样，很注重前期的创意策划，创意策划想得好，就相当于整个品牌活动成功了一半。华帝以法国队夺冠，全额退款做了一场营销。相比那些首席赞助商来说，华帝退给消费者的金额可以说是很小的一笔营销预算了。华帝就是凭借着这样一次策划活动达到了借力的宣传效果。这就是创意策划阶段的重要性，这个阶段要想好整个活动要怎么玩，怎么样才能达到最佳的效果。

第三阶段是执行阶段。

相比线上创意活动等其他活动形式，大型活动的执行阶段是最辛苦的。所有的大型活动都会涉及线下的配合执行。有些是前期在线上进行预热，线下进行真正的引爆，整场活动的重心仍在线下执行，那么就会涉及场地的搭建、人员的分工等，这考验着整个活动负责人全局把控、统筹、细节把控、人员分配等各方面的能力。即使有些活动不涉及线下场地搭建，也会涉及线下门店的互动。

第四阶段就是线上传播。

不要以为一次大型线下活动做完以后，就各自散了。很多引起互联网关注的大型活动，都是因为利用活动进行了线上的二次传播，才得以把活动的影响力放大。试想一下，线下活动超过5000人参与就算是很了不起的大型活动了，但是如果通过媒体传播，那么这个活动就是5万、50万甚至是500万、5000万人次的影响力。

本章将会通过几个不同品牌的大型品牌活动来谈谈大型活动营销案例。

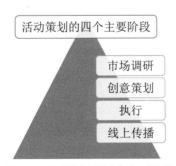

图39　活动策划的四个主要阶段

11.2 大型活动营销案例解析

11.2.1 得年轻人者得天下：潮流音乐节

音乐节从最初的小众逐渐变成一种大众的新生活方式，音乐节如雨后春笋般在全国各个城市遍地开花，比如氧气音乐节、迷笛音乐节、夏至音乐节、草莓音乐节。各种音乐节占据了年轻人生活中越来越多的时间，也使得越来越多的品牌愿意赞助音乐节，比如京东赞助了氧气音乐节。越来越多的品牌愿意自己举办小型的音乐节活动。2007年，国内音乐节一共只有24场，2016年，这一数字则攀升至231场。以我所知道的音乐节为例来展开谈谈音乐节营销的活动。有一个新开业的广场，整体人气还不足，为了提升这个广场的人气，连续几年承办了音乐节的活动。每年夏至，固定举办一次大型音乐会，每次都会请一些知名的乐队和歌手（比如逃跑计划、小宋野、陈粒）来进行演出，这些知名乐队和歌手的吸引力很强。虽然每年举办这个音乐节时恰逢下雨天，但是每年举办活动的那两天广场上都是人山人海。这个广场整年的营销费用也就是千万级别的。光一场这样的大型音乐节，每年的投入是200多万元的预算，相当于花了五分之一的营销预算。这个音乐节为这个广场带来了人气，经过几年的持续经营，现在这个城市的市民已经能自动地把音乐节和这个广场联系在一起了。

音乐节营销对品牌有什么好处

1. 吸引大量年轻人

音乐节这种线下大型活动是年轻人很乐意参与的，尤其是能够请一到两位年轻人喜爱的演出者，这样的活动必然是人气爆棚的。现在网络上都已经流传出很多音乐节时尚潮搭的攻略，可见，越来越多的年轻人把音乐节当成一个社交活动。参加音乐节成了年轻潮流文化的一种象征。所以不管是品牌赞助音乐节，还是品牌承办音乐节，都能使得品牌在大量年轻人群中得到曝光。如果是线下举办音乐节，就能吸引大量的人气，比如我上文提到的那个广场。

2. 塑造品牌潮流文化，把年轻人聚集在品牌周围

得年轻人者得天下，年轻人在哪里，品牌就会去哪里做营销。既然音乐节已经成了年轻潮流文化的标配，那么品牌自然不能落伍。你们喜欢音乐节，那么我就举办音乐节；你们喜欢去参加音乐节，那么我就赞助音乐节。年轻人的注意力和关注度在哪里，品牌就要做相应的营销动作，这样才能塑造品牌文化，才能给用户亲近的感觉："噢，你是和我玩得拢的品牌，你是和我一样追逐潮流的品牌。"所以，品牌对音乐节或赞助或承办都能塑造品牌的文化，把年轻人聚集在自己的周围。

11.2.2　休闲体育赛事走出差异化竞争：新百伦 The Color Run

体育赛事的赞助是最契合运动用品的品牌精神的，体育赛事除了世界级别的奥运会、世界杯等，还有其他各类大大小小的赛事。体育运动品牌则是在不断地寻找和自己品牌精神契合的赛事进行赞助，比如耐克赞助了上海马拉松。当然体育赛事的赞助商往往不仅仅是运动品牌，在热点营销世界杯赞助的案例里已经提及了赞助的几种形式，这里不再赘述。

体育赛事一般是比较大型的活动，一般想要举办某项赛事，就要获得赛事的举办权。再加上体育赛事的举办耗时耗力，也绝非一家企业所能承担的，尤其是奥运会、世界杯这些大型赛事，非举国之力不能办，所以体育赛事举办上更多的是由国家取得主办权，再根据赛事的影响力来拉赞助商。

本小节以新百伦赞助的 The Color Run（彩色跑）活动为例来谈谈体育赛事的赞助。耐克、阿迪可谓占据了专业运动的半壁江山，耐克、阿迪每年不断推出的科技类运动产品让这两家公司牢牢地占据了专业竞技类运动的市场。新百伦作为一个休闲类运动品牌，处于比较尴尬的地位，想要和耐克、阿迪比专业竞技类产品，显然差了一大截。

1. 新百伦在竞争激烈的运动市场抓住了休闲运动的定位

新百伦从专业竞技的角度突围找到休闲娱乐的跑步方式。新百伦主打休

闲运动，休闲运动的概念可以理解为不参加专业竞技类赛事（比如专业马拉松比赛），但是在生活中却又无处不在的运动（比如约朋友跑山、户外散步、野炊等）。基于这样的定位，新百伦赞助了 The Color Run 的休闲运动，并且把新百伦的品牌和 The Color Run 进行了强关联。The Color Run 活动于 2012 年 1 月份推出，已成为全美大规模的系列活动。The Color Run 活动由 IMG 公司举办，新百伦作为首席赞助商，双方共同把这项风格独特的 5 公里跑步活动引入中国大陆，让每一个普通人近距离地感受慢跑的魅力。这项活动和竞技类的马拉松赛事有很大的区别，5 公里是一个短距离的跑步行程。在这 5 公里的行程中会设置彩色站，跑者每跑过这些站都会被撒上各种彩色粉，寓乐于跑，参赛者可以和家人朋友一起在跑步中感受彩色跑的趣味性。这个活动着重宣传快乐地运动、生活休闲类运动，以及和家人朋友一起运动的理念，这和新百伦想打差异化营销的理念很契合。

2. 新百伦把彩色跑这种体育赛事形式进行了强关联的绑定

新百伦是 The Color Run 的首席赞助商，并不意味着是彩色跑的赞助商。The Color Run 是新百伦专属的活动赞助。但是随着彩色跑的兴起，彩色跑的模仿很简单，各个品牌都在举办彩色跑的活动，只要不使用 The Color Run 的商标，任何品牌都可以赞助和举办彩色跑。但是不管其他品牌怎么举办彩色跑活动，都没有一个品牌脱颖而出，大部分只能为新百伦作嫁衣。正是因为新百伦最新引进了彩色跑活动，并且成了首席赞助商，所以新百伦是和彩色跑绑定在一起的，这就使得凡是彩色跑活动,用户都能和新百伦进行强关联。这就是新百伦这次营销相当成功的地方。

11.2.3　彰显品牌底蕴文化：可口可乐 130 周年巡回展

可口可乐为了纪念弧形瓶推出 100 周年，举办了一场"可口可乐弧形瓶艺术之旅：启迪流行文化 100 年"的全球巡回艺术展，为全球消费者带来一场独特的、多方位视听盛宴，展示一系列围绕弧形瓶创作的精美艺术作品。这些巡回艺术展大部分和当地的艺术文化中心联合举办。除了弧形瓶 100 周年的巡回展，在 2016 年里约奥运会之际，也是可口可乐 130 周年，更是可口可乐赞助奥运会 88 周年，所以可口可乐推出了百年经典藏品展的主题为"悦享奥运，此刻是金"，在世界范围内多个城市进行巡回展出。

光听这些巡回展的名字就觉得这种线下活动很有气势，弧形瓶 100 周年纪念、品牌 130 周年巡回展，都是极具纪念价值的时间节点。既然是巡回展，就是说会在不同的城市做与主题内容类似的展览，有点像歌星的巡回演唱会，去每一个城市接触真实的消费者。品牌举办这类巡回展，一方面是通过这样一场场的巡回展出，塑造自己的品牌形象，传递品牌文化；另一方面是拉近品牌与消费者的距离，让消费者不再是在线上接触品牌的营销活动，也让消费者接触到的不仅仅是品牌的产品，而是品牌的文化。

品牌巡回展有以下三个特点。

1. 做品牌巡回展的品牌有历史沉淀，品牌影响力大

品牌巡回展是一个耗时耗资巨大但是不能立竿见影得到回报的营销活动，所以大部分小品牌都不会选择做品牌巡回展这种吃力不讨好的营销项目。只有那些品牌影响力足够大，可以说已经到了家喻户晓的程度，又具有品牌历史沉淀和品牌文化，可以展出很多内容，比如可口可乐，光一个瓶子就可以做一个巡回展。这些品牌喜欢选择对品牌有纪念意义的年份做巡回展，比如 100 周年巡回展、赞助奥运 88 周年巡回展。一听这些年份就知道背后有很多可以讲的故事，品牌巡回展就是一个城市一个城市地去巡回展出，宣传自己的品牌文化，提升品牌的影响力。除了展示品牌文化之外，还有些品牌会选择展示产品的性能，比如相机品牌，会选择做摄影作品巡回展，通过展示作品来展示自己的产品。

2. 选择具有影响力的城市和具有标杆性的场地做巡回展

一般听演唱会都在省城举办，很少有明星会选择在一个县城设立一个巡回演唱会的站点。北上广深杭的房价一路高涨，却还是有很多年轻人涌入，为什么？因为大部分重要的演出、展览都会把这些城市设为站点，所以生活在这些城市的人，可以花极少的钱随时随地去享受一场世界顶级水平的展览或演出。全世界大大小小的城市那么多，巡回展不可能触达每个城市，所以在前期活动策划的时候，都会挑选出重要的城市，在有重要用户分布的城市进行巡回展览或演出。在选择城市地点的时候，也会选择具有标杆性的地点，

比如北京的798就是重要的艺术文化展览的场地，再如上海的K11购物艺术中心，在这里上演了各种大大小小的具有艺术气息的活动，也是品牌选择的重要场地。演唱会这种万人大型活动则会选择体育馆这样的场地。当然，还有一些具有艺术特质的场地也会是这些品牌的选择，比如博物馆、美术馆等。

3. 艺术氛围重于商业氛围

很多品牌会做线下展销活动，线下展销活动就是在线下通过展示从而达成销售，这样的展销活动具有很强的商业性质。例如，某个大型活动，在线下进行展示，从而接触到直接的消费者，达成销售目标。一般这样的活动是由公司销售部主导的。品牌巡回展则不一样，现场不会直接售卖产品，更多的是展示品牌文化，塑造品牌形象，更偏向于艺术性质。比如可口可乐100年的弧形瓶展览，观者置身其中的感觉是在看博物馆的作品陈列，而不是一个品牌公司展示的产品包装。这种品牌展览，在做主题策划、主视觉设计、宣传推广的时候，都会倾向于创意性和艺术性。一般这样的巡回展都是由品牌的营销部门或者公关部门来主导的。

4. 塑造品牌形象的动力与竞争压力并存

做这类展览的品牌都是具有影响力的品牌，也可以说是家喻户晓的品牌。因为对于这些品牌来说，一方面是塑造自己的品牌形象。一个品牌有百年历史，是非常不容易的，品牌也有很多东西可以展示，仅可口可乐的瓶身就可以开一个展览。品牌要通过这种儒雅的方式，塑造自己在消费者心目中的艺术形象。可口可乐不仅仅是一种碳酸饮料，而是一个共享奥运这种欢乐时刻最佳的选择，所以可口可乐就要做"悦享奥运，此刻是金"的巡回展览，把可口可乐拔高到与奥运会同等的高度。另一方面，家喻户晓的品牌时刻承受着来自竞争对手的压力，可口可乐的竞争对手不仅是百事可乐等可乐品牌，更有果汁、牛奶、啤酒等来自其他饮品的竞争压力，如悦享奥运的时候，不仅可以喝可口可乐，还可以喝啤酒庆祝。所以可口可乐要不断强化自己在消费者心目中的地位。

11.2.4 "新"字是营销的重要法宝：新品发布会

把新品发布会做成一个热点营销事件的非苹果莫属了。因为苹果是一年更新一代手机，所以每年开一次新品发布会。每年的 9 月份，不管是果粉还是普通用户，都对苹果的新品发布会格外关注。美国和中国有时差，苹果发布会在中国都是凌晨，但很多人还是会熬夜看苹果的发布会，可见其影响力之大。每年的苹果发布会也是其他各大品牌蹭热点的好时机，所以苹果发布会已经不仅仅是一个发布会了，更是苹果重要的营销活动。

除了苹果之外，在手机行业每发布一个新产品都要开一场新品发布会。新品发布会不仅会在线下开一个大型发布会活动，同时会在线上同步直播。新品发布会主要发布的是即将要推出的产品的性能和价格，新品发布会的主要作用是为新的产品进入市场造势。因为苹果一年就开一次发布会，所以对于苹果来说这次发布会就是一年之中最重要的一次。其他手机品牌则不一样了，基本上每个月都有新品发布，不可能每个新品发布都做一场声势浩大的新品发布会，所以品牌会根据新品的重要程度来决定发布会的规模。有很多重要的产品，品牌会选择国际化的城市进行发布，比如巴黎、悉尼等；有些不重要的产品则会选择小型的场所进行发布，只是起告知作用。

除了苹果之外，另外一个把新品发布会做成重要营销事件的手机品牌是锤子。很多人因为对罗永浩的演讲感兴趣而去看锤子的新品发布会，久而久之，这就形成了锤子新品发布会的文化。

除了手机行业之外，服装行业也是需要经常开新品发布会的，服装行业不会像手机一个新品就要开一次发布会。服装行业一般根据产品的季节来开发布会，所以一般一年会有 2～4 次发布会，也就是每季各一次，或者春夏一次，秋冬一次。有些品牌会蹭热点开发布会，比如蹭时装周的热点，蹭和服饰相关的热点开发布会。有些发布会和订货会联为一体，比如新品发布会后，就是经销商的订货会，大有一种"这是我的新产品，我开完新品发布会以后，你们就可以采购了"的意味。

新品发布会是一场大型的线下活动，并且会在线上通过直播的形式让传播体量最大化。品牌会根据产品的重要程度来选择新品发布场地的规模，所以一场新品发布会可以理解为一次大型的线下活动。新品发布会是营销中重要的一个环节，所有品牌所有产品都有新品发布会这么一个环节。

为什么要做新品发布会？

为新品销售造势。"新"字是营销的重要法宝，餐厅研发新菜，化妆品研发新成分，服装设计新款式，手机研发新功能……都是吸引消费者兴趣的重要营销法宝。新品发布会最重要的就是对"新"字的营销，把"新"字放大化，吊足大家的胃口。对于"新"的东西，大家都会充满好奇和兴趣，"新"是很能吸引人的一个营销卖点。所以就要对新品大肆营销，借助新品的势头来吸引用户的关注和兴趣。通过大型的线下活动造势，再加上多平台的线上直播，把"新品"营销出去。新品发布会对于大部分品牌来说是重要的一个大型线下活动，大部分品牌一年就举办1～2次新品发布会。对于品牌来说，新品在发布会的反馈好不好，大概就能预估整个新品的销量了，品牌会根据新品发布会的反馈再调整产品的整体销售策略。

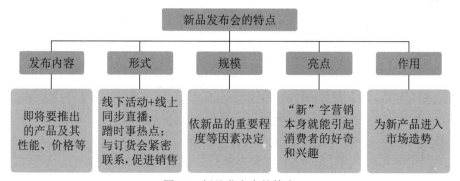

图40　新品发布会的特点

11.2.5　年度盛会营销：《时间的朋友》开知识类跨年演讲先河

大部分公司会举办一年一度的年度盛会来提升自己在行业内的影响力。有的年度行业会议，会邀请专家级别的人来演讲和相关从业者来参会，一般这种行业会议都会讨论整个行业发展的趋势，也顺势推动自己企业品牌的影响力。电视综艺节目类则会做跨年晚会来提升电视台的影响力。周年、跨年这种具有意义的时间点常常被用来做年度盛会的大型营销活动。

以罗振宇的《时间的朋友》跨年演讲为例来谈谈年度盛会的营销意义。随着知识付费的兴起，知识类的演讲成为营销越来越重要的一种形式。以前一般跨年类的节目都是综艺节目，但是罗振宇则把知识类跨年演讲《时间的朋友》做成了一个文化类的年度盛会，每年都会对外售票，吸引粉丝到现场听讲。一般会把这个活动包装成一个具有浓厚的文化气息的一场知识型会议。这种大型年度盛会本质上是和一场大型活动没什么区别的，可以按照线下大型活动的方式来做整场活动的执行。

为什么要做这样一场大型的营销盛会呢？

1. 筛选出更加忠实的粉丝

线上花 100～200 元就能购买课程，成为某个人的粉丝。线上购课的成本是较低的，粉丝的忠实性也不高，很有可能会被一个类似的课程吸引，因为粉丝换目标的成本极低。线下活动则不一样，一场线下知识类付费的门票动辄上千，还要交通差旅费等一干费用，所以肯来现场的粉丝对品牌具有很大的忠诚度。公司要筛选出这一批忠实的粉丝，在线下进行更强的关联和互动，把这些粉丝牢牢圈在自己的层级里。

2. 增强和粉丝的互动，增加粉丝的黏性

我们在生活中有这样的感受，无论多少次的网上交流、电话交流都比不上一次的面对面交流更能促进感情。所以举办大型线下活动也是这个道理，不管线上玩得多好，都存在着一层阻碍，一场线下活动有利于拉近用户和公司品牌的距离。某个健身房策划了一个周年庆，300 多个会员参与，成了一种大型集体活动，整个现场的氛围被调动起来了，用户的积极性也被调动起来了，整体的会员体验也更好了。会员健身不仅仅是面对冷冰冰的器械做着枯燥乏味的动作，而是一种社交，和一群有着同样对身材有要求的人进行互动交流，这就是线下大型活动所搭建的交流空间。

3. 通过线上传播营销个人和公司

大型活动线下粉丝参与的人数是有限的，比如一个场馆最多只能容纳 1000 个人，那么这 1000 个人就是本次活动线下的参与人数。但是随着互联网的快速发展，这种线下活动可以以各种各样的形式传播出去。2016 年，深圳卫视直播了这场《时间的朋友》跨年演讲，更是被业内评为开创了一个全新的知识跨年节目品类，深圳卫视在当晚 11 点左右的收视率居全国同时段第一。除了卫视直播之外，还有网络直播、线上文字直播、图文报道等一系列网络资源来助推，进行二次传播。这时候一场活动影响的可就不是 1000 人了，只要这个活动具有传播价值，用户有观看意愿，那么影响力可能是几百万、几千万甚至是几个亿级别的。罗振宇《时间的朋友》俨然成了一个具有标志性影响力的跨年知识类大型盛会。

11.2.6 为美食而狂欢：小龙虾节

小龙虾从被嫌弃的食物一下子翻身成了国民美食、夜宵之王，小龙虾的身价也跟着水涨船高，三五好友吃个小龙虾夜宵，一餐可以轻松吃掉 1000 元人民币。要知道小龙虾还在臭水沟生活的时候，小龙虾一盘也就几元钱。2018 年世界杯期间，小龙虾出征了俄罗斯世界杯，10 万斤小龙虾被运往俄罗斯，成为世界杯期间的重要美食。

小龙虾这一场漂亮的翻身仗就要从小龙虾节说起。小龙虾是怎么火起来的？大量大型或小型的小龙虾节推动了小龙虾的身价。比较知名的要属盱眙龙虾节了，盱眙这个城市和小龙虾互相成就，小龙虾带我们认识了盱眙这个城市，盱眙也因为小龙虾而被全国人民所认识。

龙虾节是怎么样的呢？一到夏天，盛产龙虾的城市就开始举办各种各样的龙虾节。龙虾节大概分为两个部分：第一部分就是龙虾盛宴。大量的龙虾和啤酒的供应，营造出欢乐、轻松、愉快的场景，喝着啤酒吃着龙虾的场景不断被强化。更有些龙虾节会邀请名厨现场烹饪龙虾，反正这部分就是离不开龙虾的吃吃吃。第二部分是娱乐化内容。龙虾节不能只是吃吃吃，就必然要邀请一些人来表演，娱乐性比较强的表演就会穿插在吃喝中。大家聚在一起开心地喝着啤酒、吃着龙虾、看着表演、聊着天，营造出一种惬意的夏日生活场景。对于很多人来说，龙虾节是一种放松身心的休闲娱乐方式。

经过一轮又一轮的龙虾节的轰炸和媒体的转播，龙虾节的休闲娱乐的文化基调奠定下来了，小龙虾随之成为国民美食、夜宵之王。大家需要在一种场景下进行消费，起初人们对于小龙虾的认知就是臭水沟的食物，但是经过大量的龙虾节的轮番轰炸，人们对小龙虾的认知就发生了改变。慢慢地小龙虾是夜宵必备美食的想法就深入人心了，从此小龙虾就在夜宵文化中占据了一席之地。我们周围的人都把小龙虾当成夜宵必备的美食，更是夜宵社交的重要纽带，所以我们吃的不是小龙虾，吃的是夜宵的氛围。龙虾节就助推了这样一种氛围的形成。

我的家乡慈溪，是杨梅的盛产地，说到这里就不得不说杨梅节了。慈溪为了营销杨梅，举办过各种各样的杨梅节，举办杨梅节的目的和小龙虾节类似，就是为杨梅制造声势，为吃杨梅营造氛围，为了传播杨梅文化。不同的杨梅节活动会有所不同，一般会选拔杨梅仙子，邀请明星在杨梅节演唱，归根结底就是为了促进杨梅的销售。杨梅的果期很短暂，一般15天左右，如果销售不出去，就会烂在树上。通过造势，杨梅被更多人消费，就会创造营业收入。更多的人来慈溪消费杨梅，也会带动酒店、餐饮、旅游等行业。其实，很多城市都在为推广自己的特色产品而举办各种各样的大型活动。

大型美食节的特点

大型美食节一般都是由政府举办的，如旅游局、文化局、农业局等，具体要看不同政府职能部分对于这个产品的诉求。

大多龙虾养殖户、梅农没有实力去承办大型娱乐活动。而且即使他们有实力，他们也不愿意承办这类活动。食物类产品有一个特点，就是以产地出名而不是以品牌出名。比如龙虾，都知道出自盱眙，却不知道哪个养殖户养的龙虾好吃、哪家餐馆的龙虾美味，所以他们不可能为他人作嫁衣举办如此大规模的美食活动。美食一般具有地域特色，但是地域和地域之间往往存在竞争关系，所以就需要由政府来主导，政府通过带动某一个产品的销售从而可以带动税收。所以卖谁的龙虾不重要，重要的是把龙虾卖出去，为盱眙这个城市创造更多的营收。政府好比一个大型的公司，也需要通过系列营销活动来提升自己的知名度。比如很多地区的旅游景点就是通过不断营销来包装成旅游胜地的。同样的两个产品，口感差不多，可能会因为政府对外宣传的力度及营销方式不同而使外界对于这个产品产生不同的认知度。又要说回盱眙龙虾了，龙虾一定是盱眙的最好吗？不一定，但是盱眙的龙虾营销做得很成功无可厚非，因为说起盱眙只知有龙虾而不知有其他。

大型美食节活动具有很强烈的季节性。和其他产品的大型营销活动不一样，你想选择什么时候就什么时候，比如产品的发布会可以选择在 3 月，也可以选择在 10 月，完全可以由品牌方来决定。但是美食类的大型营销活动具有很强的时间节点，小龙虾节的最佳营销时间点是夏天，因为夏天才能营造喝着啤酒吃夜宵乘凉的场景，冬天大家都冷得瑟瑟发抖了，宁可窝在家里看电视，也不愿意出来吃夜宵。再比如杨梅节，杨梅的季节只有 6 月中旬到 6 月下旬这十几天，所以一定要在杨梅最旺的季节举办这个活动，这样才能吸引更多的游客。一旦失去时效性，这个节日的效果可以说趋于零，这就要求营销策划人员提前做好筹备工作，以保证营销活动的顺利开展。

大型美食节的作用

1. 造势，形成氛围

一个人在家吃龙虾喝啤酒就感觉没意思，但是一群人在广场吃龙虾喝啤酒看表演就有氛围了。很多时候，我们的乐趣就源于这种生活的仪式感，一旦造势形成氛围，人自然就会被带入进去。

2. 吸引外地游客

盱眙龙虾、阳澄湖大闸蟹、新疆哈密瓜、奉化水蜜桃……很多具有地域特色的产品，都是吸引外地游客的法宝。虽然随着冷链和物流技术的发展，越来越多的地方可以买到其他地方的特色产品，但是消费者心里还是更乐意直接去产地游玩一趟，顺便品尝美食。所以，吸引外地游客不仅可以促进单个品类产品的销售，还能促进当地的餐饮、旅游、酒店等产业的发展。

3. 把产品销往外地

大闸蟹要吃阳澄湖的，当你拿一个阳澄湖和其他湖养的大闸蟹让消费者品尝的时候，大部分人是分不出好坏的。但是因为阳澄湖大闸蟹已经被营销出去了，已经被全国消费者所认知了，所以阳澄湖大闸蟹销往外地的时候自然能被更多的人接纳。因此在本地制造声势，也是为产品做营销。

PART 3　总结与建议

第12章 万变不离其宗 不同行业营销策划的特点

虽然都是营销策划,但是不同行业的营销策划还是有很大不同的,每个行业的营销策划的人才培养方式也是不一样的。了解每个行业的特点,了解每个行业对于营销策划的诉求,对于刚毕业的学生来说尤其重要,也便于日后在工作岗位上运用得得心应手。

12.1 老牌行业的光环依旧：快消行业

说起营销策划，就不得不提快消品行业的市场部。快消品行业的市场部是培养市场营销策划的"黄埔军校"。快消品行业的市场部曾经是很多营销策划人员挤破脑袋想要进去的部门。FMCF 是 Fast Moving Consumer Goods 的首字母缩写，代表快速消费品，是指那些使用寿命较短、消费速度较快、消费者需要不断重复购买的产品。比较典型的快消品企业有宝洁、联合利华、欧莱雅等。曾几何时，大家看到的广告几乎都是快消品牌的天下，从飘柔、潘婷到海飞丝，从力士、多芬到清扬。如今，很多刷屏级营销案例出自互联网，快消品市场部逐渐成衰落的趋势。互联网企业更加开放、更加会玩，整个体系也更加灵活，有助于做决策，便于创意的实现。

购买快消品用户的决策时间是很短的，很多时候购买决策行为是一念之间形成的，这时候消费者对于品牌的认知度很重要，超市上架的货架很重要，产品促销的价格很重要，广而告之的广告也很重要。

快消品行业的优势

1. 快消品行业市场部对于营销策划人才的培养是有一套完整的体系

即使是环时互动这样的做互联网社交平台营销的广告公司，也愿意要快消品出来的营销策划人才。因为快消品行业有一套完整的体系，可以帮助刚入行的新人打好基础。一般从快消品行业出来的营销策划人才的基本功都非常扎实。1～2年的新人一般都是做一些超市促销的案例，然后就开始接触品牌营销方面的工作，这时候就会接触品牌产品的 TVC 广告、渠道投放，再慢慢地就会接触整个品牌线的市场工作，最后接触整个市场部多品牌的推广工作。大体上升渠道是这样的：市场部主管（Supervisor）——助理品牌经理

（Assistant Brand Manager）——品牌经理（Brand Manager）——资深品牌经理（Senior Brand Manager）——市场部经理（Marketing Manager）——市场部总监（Marketing Director）——副总裁（Vice President）。

2. 快消品市场部更具有话语权

营销策划行业有一句很伤人的话："一个品牌的市场部员工出去度假一个月，对品牌几乎毫无影响。"由此可见，大部分企业市场部的作用微乎其微，业绩好了是销售部的功劳，不是因为市场部营销做得好；销售不好是市场部的错。产品知名度不够，产品卖不动，这就是很多企业市场部的尴尬现状，市场部在企业中找不到存在感。但是快消品行业的市场部却具有很大的话语权，它能够影响整个企业的方方面面，真正成为企业前进的引擎。企业是销售导向还是市场导向，对于市场部和销售部的地位来说是完全不一样的。快消品的市场部在企业具有战略指导的作用，因此市场部的地位是高于其他部门，有话语权，有影响力。

3. 快消品市场部是从源头开始做营销策划的

大部分市场部的工作是做海报，投广告，做店铺POP，找明星代言等。这也是大多数人所理解的市场部工作。在快消品行业，还有一个市场调研的岗位，企业很看重数据，很注重用户调研。很多市场部的员工、很多营销策划从业者、很多文案教程里都提到了洞察消费者需求这一点，但是消费者需求是要建立在很多数据的基础上，有调研数据才有消费者洞察一说。所以在快消品行业做过营销策划的人，一般都具备消费者洞察这一能力，懂得用调研数据说话。其他的市场部都只有推广这个环节，做的工作都只是如何让这个产品被消费者知道，从广告（TVC）的投放，到店内的货架占比（instore share of shelf）、户外广告牌（OOH）、推头促销装（promotion pack）、电影电视剧广告植入、杂志广告等所有让消费者产生购买刺激的活动。真正的市场部是要从市场调研、新品企划到产品定价、包装设计、广告推广，也就是一套完整的4P营销。

4. 快消品行业案例丰富

很多快消品是几十年的老牌子了，且在市场营销方面已经有几十年的积累了。这几十年积累的经验是足够一个新人学习的。有时候一时在风口，并不意味着具备真正的能力。互联网的发展才短短十几年，积累的行业经验远不能和快消品企业相比较。即便一时间比较流行，但是如果没有一套完整的方法论，就很容易遇到发展瓶颈。

快消品行业的弊端

1. 体系庞大，制度僵硬不灵活

制度完善是一把双刃剑，享受了制度完善的优越性，就要接受来自制度的制约。互联网的优势在于"小步快跑，多次迭代"。互联网一个版本发布以后不够完善，可以多次进行迭代。但是快消品行业不行，快消品行业有着完整的供应链体系、生产设备和渠道商，所以每一步都不能犯错，要做出最优方案。这就意味着每做一个决策都有要小心慎重，也就是要多重决策。

2. 创意内容不足

互联网的营销策划已经玩得风生水起了，但是快消品行业的市场部还是用一则电视广告打一年，一套主视觉用全渠道的营销推广思路。快消品行业的广告营销模式偏传统，如传统的TVC广告、电视广告、明星代言等；但是互联网在玩新花样上却铆足了劲，如承包地铁、创意短视频、刷屏H5、走心文案、长文案，各式各样的创意层出不穷。

12.2 野蛮生长开天辟地：互联网行业

如果说快消品的市场部是传统老牌广告的殿堂，那么互联网行业的市场部则是广告人新的殿堂。随着互联网行业的兴起，快消品市场部的光环正在逐步消失。快消品市场部不再成为许多毕业生理想的去处了，反而是互联网行业成了高薪的代表。霸屏的营销案例也不再是快消品企业的作品了，而是来自互联网公司。相比于快消品这种老牌的市场部，互联网公司的市场部更年轻，更具有活力，也更容易打造出年轻人喜欢的产品。互联网行业的营销目的概括起来就三个关键词：拉新、促活、留存。

互联网行业的优势

1. 毫无疑问互联网行业是朝阳行业,正呈现着一派欣欣向荣之势

不管是国外的谷歌、亚马逊,还是国内的BAT(百度、阿里巴巴、腾讯),都还处在高速发展的阶段。高速发展意味着更好的发展空间、更高的薪水和更多的升职机会。从目前的产业结构来看,互联网行业的发展优于其他行业这是毋庸置疑的。互联网虽然是个新事物,出现也不过二三十年的时间,但是互联网却改变了人类生活的方方面面。我现在都不能想象离开智能手机以后,我的生活应该怎么办。互联网变成了大多数人高度依赖的行业,就意味着互联网还会继续高速发展。从目前来看,互联网是一个被高度认可的刚需产业,只要是刚需就会不断有新的需求,也就意味着有更多的发展机会。

2. 互联网公司更加年轻,突破限制

互联网公司从业者的平均从业年龄都远低于传统行业,在传统行业职场上会出现论资排辈的现象,更大的发展需要熬资历、熬工龄。但是互联网行业是一个新兴的行业,从业者中年轻人偏多,年轻人对于新鲜事物的接受度很高,也愿意尝试新鲜的事物。各种互联网层出不穷的新玩法也证实了互联网公司拥有更加开放的管理体系和制度。

互联网行业弊端

1. 互联网行业野蛮生长

互联网公司发展非常迅速,不管是人事还是公司业务都处于一个野蛮生长的状态,存在很多灰色地带。公司方面,组织架构不清,管理者经验不足,指令朝令夕改。人才方面,因为高薪,升迁快,有更多的就业机会和更好的岗位机会,大批年轻人比较浮躁。网上说以前从快消品市场部出来的总监是很值钱的,而且一般在某一个公司升到了总监,基本能力水准不会有太大的差距,所以行业内对于总监这种职位的认可度是很高的。但是自从互联网公司出现以后,总监一抓一大把,几乎人人是总监,毕业1~2年的小白也可以冠以总监的职位,没有明确的评价人才的标准。小公司出来的总监级别人才,去大公司可能连一个普通职员的岗位也不愿意给。

2. 互联网行业真假难辨，多有浑水摸鱼的公司

真正的互联网公司并不多，优秀的互联网公司更是少之又少了。但是因为"互联网"三个字非常好用，只要和互联网相关，不管是融资还是招聘都会顺利很多。所以很多刚毕业的学生是很难分清楚这里面的门门道道的。我面试过好几个频繁跳槽的求职者，问起跳槽的原因，得到的回答是因为公司倒闭了。这对于刚毕业的学生来说是非常不利的，刚毕业的时候可以说是一个行业小白，一定要进入一家稳定规范的公司，从头学起。一些小型的互联网公司，很有可能都处于要倒闭的边缘，刚毕业的学生进去以后，很容易就因为公司倒闭而被迫跳槽。

12.3 耐住寂寞深耕市场：房产行业

房子是耐消品，很多人可能一辈子就买一次房子，所以对于楼盘的选择会慎之又慎。房地产市场大热的时候这个又另当别论了，本章只从房地产作为一个正常的产品来分析。因为产品性质不一样，房地产的营销和快消品行业、互联网行业的营销又有所不同。房地产营销是一个系统性的工作，前期包括对楼盘的定位，中期包括楼盘的形象包装、市场推广，后期包括交付、物业管理等。这就意味着一个房地产市场的产品从立项到落地，到最后的产品交付是一个长期的过程。相应的营销周期也会拉长，一个项目的营销周期长则3～5年。快消品和3C产品则不一样，一款新手机的整个营销周期很短，只有短短的一个月，因为差不多每个月都有不同品牌的新品上市。新品一上市，旧品的营销策划热度立减，所以整个手机的销售周期也就几个月的时间。

快消品、互联网行业的营销策划面对的一般都是全国甚至是世界范围内的用户，而房地产的营销策划则具有很强的地域性，所以一个人要对一个城市有所了解，要对这个城市的房地产产品有所了解，才能做好一个楼盘的营销策划。做任何一个房地产项目都是从认识城市开始的，这是房地产市场特有的。

房地产行业的优势

1. 房地产的预算很充足

很多快消品行业、互联网行业看似很土豪，实则市场部的预算都很紧张。巧妇难为无米之炊，没有充足的预算就意味着很多好的内容得不到渠道推广，得不到市场的检验。但是房地产行业却是有名的土豪，是广告行业名副其实的金主爸爸。很多活动的冠名赞助商都是地产行业。有钱意味着可以试错，有预算意味着可以做事，预算有时候能决定一个项目的成败。

2. 房地产的营销策划和销售的 KPI 关联性不强

相信没有人会因为看了一则广告而购买一套房子，但是却有很多人因为看到一则广告而购买牙膏、洗发露、下载 APP、注册互联网账户，因为这个决策试错成本很低，决定购买行为都是很随意的，购买决策受广告影响很大。这就意味着快消品类的广告会更注重渠道投放，提升产品的知名度。房子则不一样，对于一个家庭来说，买房是一个重要的决定，要考虑的因素很多，经过反复比较以后才会做出选择。房地产营销策划的 KPI 不会和销售强关联，房地产更强调广告做出去以后对于品牌影响力的提升，以及对用户造成潜移默化的影响。

3. 房地产行业的营销策划不好跨行业跳槽

首先从房地产行业营销策划的项目周期来看，参与一个项目的营销策划少说也要三年五载，多则 8 年。一般在一个行业深耕 5 年以上的人很少会跨行业跳槽。再有就是房地产的营销策划具有很强的地域性，在一个城市深耕以后再去其他城市工作容易出现水土不服的情况，因为每个城市的差异很大，不同的城市有不同的适用方法。再则房地产对公司资金要求比较高，所以房地产行业的公司都是大型公司。大型公司的招聘要求都比较高，而且房地产行业的公司也不多，可选择的跳槽公司就更少了。最后则是房地产的营销策划和其他行业的营销策划差异比较大，虽然有行业共性，但是因为房产受国家政策的影响，这些都决定了房地产行业的营销策划是和其他行业不一样的。比如说遇到行情好的时候，大家是要抢着买房的，这时开发商不需要做任何营销活动，闭着眼睛都能卖房。

12.4　流量为王硝烟四起：电商行业

电商行业营销策划的特点

如果盘点电商有哪些促销的节点，可能就会发现电商天天都在过节。先说一些比较知名的，比如天猫创造的"双十一""双十二"、京东创造的"6·18"、苏宁创造的"8·18"，全部都演变成全平台的促销大节，再加上年终庆、各大节日，可以说电商行业天天在为促销创造节日。对于电商的营销策划来说，最重要的是引流。促销节日都已经玩出了一套完整的套路，所以对于电商企业的营销策划来说，创意不是很关键，关键的是如何做好这些节假日营销，如何利用直通车、淘宝客等平台来为店铺真正引流。

电商营销策划的优势

电商行业最能检验文案策划的真实效果。其他行业的营销策划效果很难检验，大部分营销策划的工作和销售不能直接挂钩。虽然都是为了提升品牌知名度和影响力，但是提升品牌知名度和影响力一方面是一个很长久的工程，另一方面也没有一个实质性的评判标准。然而，电商行业的营销策划则不一样。文案写得好不好，标题对用户是否有吸引力，详情页的改版可能引起销售的直线上升或者下降，这些都能通过真实的数据反映出来。营销策划的活动是否吸引人，也是有具体的数据、流量、转化率来反馈的。这就使营销策划对自己的内容真正负责，电商的营销策划要取悦的不是自己的老板，而是真正的用户群体。在和用户群体沟通接触的过程中，电商的营销策划也最能了解用户群体真实的情况。可以说，电商行业的营销策划是离真实用户最近的一种营销策划。

电商营销策划的弊端

虽然广告行业的薪资不是最高的，但是广告行业的从业者大多数都很优秀，都是具有有趣的灵魂的人。这是由广告行业本身的特性决定的，因为广告需要很多的创意和想法，所以广告的行业虽然辛苦，但是也不乏有趣。但是电商行业的营销策划工作则会稍显趣味性不足,创意需求弱,因为促销本质上是一种简单粗暴的降价。

12.5 以小博大创意层出不穷:文创行业

文创行业有一个很明显的变化,以前大家说起文创的时候,更多的是指日韩的动漫以及周边产品,以中国台湾的诚品书店为代表提供的文化产品的行业。最近几年,文创行业进入了一个新的时代,各种 IP 层出不穷,知识付费更是站在风口。所以从广义的角度来说,凡是能满足消费者精神享受的行业都可以称为文创行业。

文创行业的营销策划和其他行业没有实质性的区别——最终的目的就是吸引更多的用户。比如一个自媒体账号,要有更多的粉丝,更高的知名度,就意味着要有更高的广告营收,更强大的粉丝消费能力。更多的粉丝、更高的知名度是需要营销策划去推广的。对其他行业来说,产品是实实在在的物品;对于文创行业来说,产品有可能是虚拟的知识产品,也有可能是创意产品或 IP 文化产品。

文创行业营销策划的特点

1. 很多有趣好玩的创意玩法最先都是从文创行业流传出来的

因为文创行业的从业者都是做创意、做内容的,所以文创行业的营销策划普遍更具有创意性,学习模仿创意玩法的能力更强。很多有趣好玩的营销案例在文创行业引爆之后,再逐渐普及到其他行业。比如新世相策划的丢书大作战,是模仿国外的一个玩法。新世相在国内复制了丢书大作战的玩法,联合明星的效应,一下子在整个营销圈子里引爆了这个活动。

2. 文创行业营销策划从业者心态年轻,具有很强的网感

营销行业热点词汇层出不穷,当你还没弄明白隐形贫困人口、社会人的时候,菊外人、skr 等又一波热点词汇已经袭来。营销策划可以说是一个年轻人聚集的行业,一般做这个行业的都是比较有活力、对新事物敏感的网络资

深爱好者，对热点如数家珍，明星八卦信手拈来。所以如果你从事这个行业，那么恭喜你，永远都会走在年轻的第一线，时时刻刻都跟进年轻人的喜好。比如故宫淘宝火起来，就是通过运营，把故宫、历史这么严肃的题材，以搞笑幽默好玩的方式呈现出来。雍正、乾隆不再只是史书中的皇帝了，他们也被赋予了年轻人的人格，再通过画面文案等多种形式，让他们和消费者更加贴近。

3. 文创行业更强调情怀

当个体和个体相比较的时候，行业特征并不明显，但是当一群人和一群人比较的时候，行业特点就会显现出来。读人文社科类专业的学生普遍比理工科的学生更具有情怀，所以从事文创行业的人，则会比其他行业更具有情怀。这里有一个主打情怀的典型案例，Roseonly 主打的营销理念是一个人一生在 Roseonly 只能送花给一位女士，且要用身份证注册才能购买。忠诚是女性对于感情的主要诉求，Roseonly 就抓住了这个点狠做情怀营销。通过主打情怀牌 Roseonly 迅速奠定了自己鲜花行业高端的品牌定位。

文创行业的不足之处

1. 文创行业产业体量都相对比较小

世界 500 强里没有一家属于文创行业，基本都是银行、通信、能源、互联网等行业的天下。别说 500 强，每个省每个市规模前十的企业里也基本没有文创行业。为什么呢？因为通信、能源、银行、互联网是每个人都需要的，所以这些行业拥有庞大的用户群体和大体量的消费潜力。但是文创行业则不是刚需，文化创意是在满足物质需求以后的更高一级的追求，也就是少部分人的追求。再加上不同的消费者对于精神的追求不一样，比如有人想要看电影，有人想要看书，有人想要追韩剧，有人想要追动漫，这些需求都不是必需的。当温饱问题得不到解决的时候，这些需求自然不会被提及。基于这样的认知，文创行业天然的消费群体就被自动过滤掉了大半。而且文创行业的用户更追求个性化，这使得文创行业难以统一化量产。

2. 文创行业鱼龙混杂，水平参差不齐

一般认为文创行业就是一个高级优雅的行业，其实文创行业的鱼龙混杂程度远比我们想象的复杂。有些行业因为有一个很清晰的行业标准，比如手机行业，整体的硬件配置已经很透明化了，消费者对于什么价位的产品要配备什么样的硬件有一个很明确的心理预期，这些竞争的企业就只能围绕着这个标准上下浮动。但是文创行业则不一样，文创行业大部分销售的是个体的创意文化，所以，没有一个统一的定价，比如一幅画，凡·高的向日葵和普通画家的向日葵，明明看着差不多，价格却是千差万别。还有就是知识付费，蹭着知识付费的热点，各种水平层次的老师都推出知识付费的产品，因为没有统一的行业标准，完全看个人感受，消费者根本没有地方维权。

12.6　与时俱进性能快速迭代：3C行业

　　3C产品的更新换代很快，技术进步在不断推动着新产品的革新，3C产品的更新换代都是以次方计算的。以产品的存储量为例，以前的手机128MB算是大容量了，现在的手机动不动就有128GB的容量，是以前的1024倍。这就意味着3C行业是一个很看重产品参数的行业，也是一个凭借新功能卖点吸引用户的行业。

　　这不意味着3C行业要比拼参数，不断开发新功能为营销卖点。因为3C行业的用户有两个极端，就是我们所谓的小明和小白。小明是指那些对产品各个详情参数都很热衷，对于参数很敏感，关注像素的提升、CPU性能的提升以及其他各种数值的提升，小明购物很理性，愿意为性能买单，这就是小米所提倡的"为发烧而生"的品牌理念，这群小明用户中男性偏多。与之对应的则是小白用户，这群人即使面对3C这类具有明确参数的产品，也是对参数"不求甚解"，可以理解为他们根本看不懂参数，不明白某个参数的提升对产品性能到底有什么影响。比如说我自己，我一直分不清英特尔I5和I7的芯片到底有什么差距，直到自己进了3C行业，才对这些关键数据有所了解，我就是3C行业典型的小白用户。小白的购物行为很感性，大部分时候购物看心情，看产品颜值，看促销，看活动，唯一不看的就是参数。

3C 行业的营销策划的利

用户群体的特征很明显，不像快消品和互联网公司的用户，用户群体非常复杂而又庞大，没有一个明晰的特征。3C 用品的消费者不是小明就是小白。针对小明的营销可以做参数功能的营销，一一罗列卖点，然后推荐给小明，一次好的营销方案就完成了；针对小白的营销可以做颜值、降价促销的营销活动，推出一些主打颜值的手机，或者定期做一波大促，就会使小白用户很心动。

3C 行业营销策划的弊

更新换代很快，新功能不停地推出，就要有新的玩法。快消品的营销是万变不离其宗的，很多快消品营销方案有相似的模板，比如脑白金的"今年过节不收礼，收礼只收脑白金"这句广告用了 20 多年没有变化，不仅没有人说营销不负责任，反而是这种洗脑式的广告加深了用户对脑白金的印象。即使快消品更新换代，其营销模式也是换汤不换药，但是 3C 行业则不行。柯达、诺基亚都倒闭了，胶卷也要退出历史舞台了，原来的那些营销创意玩法也都不适用于新产品了。试想，诺基亚的非智能机的广告怎么用到现在 iPhone 广告上了，它俩是功能、性能完全不一样的两个产品了。所以，3C 产品的营销策划对技术的敏感性要求很高。

12.7 万变不离其宗：策划行业的共性

前面分析的是不同行业营销策划的特点和利弊，这一小节就具体来分析不同行业的营销策划的共性，让从业者能真正实现融会贯通。首先是理解营销策划，然后是理解行业特点，再从营销策划来理解。大部分营销策划的内容无外乎前面章节提到过的几种形式。

一个汽车品牌的供应商可以为一个 3C 品牌做服务。为什么呢？因为我们想要做的营销策划内容都是 H5，目的也是类似——为新品上市做品牌宣传，这就是营销策划行业的共性。虽然每个行业不同，侧重点不同，做事方式也会有所不同，但是归根结底对营销策划来说是个共同的大类。如果能站在更高的角度看不同行业的营销策划，再对不同行业的营销策划进行归类整理，找出共性，就更有助于营销策划从业者理解行业的本质。

1. 提升品牌影响力

营销策划有很多目的，不同的行业，营销策划的侧重点也会不一样。关于品牌影响力这一点是每个行业的共识，每个行业对于提升品牌影响力的事情乐此不疲。

2. 大家都找卖点

我们有时候会发现一个词突然变得特别热门，比如有机食品。这些热门词汇背后的推手就是品牌要努力找卖点，以卖点吸引人。卖点的挖掘是每个营销策划的基本功。如何去创造新的卖点、提出新的概念是很多营销策划人员认真考虑的事情。比如在房地产行业，生态卖点逐步取代高科技卖点，成为楼盘卖点的主流，"绿色""生态""人居""健康"概念得到了空前的重视。

3. 工作内容类似

虽然行业不同，性质不一样，侧重点不一样，但是很多内容却是高度类似的。比如作为甲方市场部的营销策划，对外就会有对接媒体，安排和执行推广计划；对接广告公司，做产品的包装推广等系列视觉活动；对接活动公司，洽谈具体大小型活动的策划和落地执行；对接物料制作公司，协商活动产品物料的制作和管理。对内则是写文案、写活动策划案、脑力暴风活动创意等形式的工作内容。行业不同，工作内容不同，比如说汽车品牌对接的就是汽车类媒体，美妆品牌对接的就是时尚美容类媒体。沟通媒体关系是本质，具体的媒体类型则是由行业的特点决定的。

第13章 初入职场不做小白 营销策划就业建议

刚毕业的大学生对于自己所学的专业如何和实际的工作岗位匹配一脸茫然;很多初入职场的营销策划小白,一直在小公司兜兜转转,如何突破局限去跨越一个台阶?工作以后如何进行自我学习和提升,成为一个终身学习者?对于初入职场的营销策划人员来说,相信本章具有很重要的参考意义。本章结合我个人的工作经历和体会以及个人的自我学习和提升方法,谈谈营销策划的职业建议,希望对大家有所帮助。

13.1 选择定位，明确自己的方向

在第 1 章已经提到过了，甲方、乙方、媒体都需要营销策划，不同的公司性质，对营销策划的要求是不一样的，不同部门的营销策划所承担的工作岗位职责也是不一样的。很多公司会把文案、策划、运营、推广、媒介等不同的岗位统称为营销策划，在正式入职之前一定要明确具体的工作内容。当然也有公司把工作内容类似的工作都交由一个人来做。在第 12 章，也提到过不同行业的营销策划各有不同。快消品、互联网、文创、房地产……不同行业的营销策划所做工作的侧重点是完全不一样的。

在第 2 章已经讲过营销策划只是一个广义的工作种类，在不同的公司，不同的行业有不同的工作内容和岗位职责。那么，什么专业的人适合从事这类工作呢？我对身边的同事、朋友们进行了一个总结，这个行业的从业者大部分是新闻传播大类（如新闻学、传播学、广播电视等专业）、语言文学（如汉语、英语、对外汉语等专业）、营销学、广告学的毕业生。这是营销策划行业从业者最多的大学专业。还有其他非典型专业的从业者，一类是属于自己的兴趣爱好，可能理工科学生爱好文化创意类工作，那么他可能会选择这个行业；另一类则是大公司的随机分配，如果不是专业技术类岗位，对于应届生的工作岗位很多大公司都会随机安排，因为不是主流从业者，所以这里不做具体介绍。

为什么是传播学、语言学、广告学、营销学的学生最多呢？因为营销策划里的细分岗位和这些专业的关联性相对来说更强。不管是文字类的、创意类的还是传播类的，都是人文相关的学科，不需要特别强的专业知识，只要对这个行业有简单的认知，就可以入门。文案类的工作则比较适合语言文学的学生，传播类的工作则比较适合传播学的学生。营销策划行业的从业门槛

是比较低的，大部分人只要有写作的基础，或者具备广告直觉的基础，就可以从事这个岗位。

13.2 大公司有放之四海而皆准的口碑

关于毕业以后成为大公司的一枚小螺丝钉还是成为小公司的顶梁柱，一直是网上争论不休的话题，不同的人有不同的观点。这个问题没有绝对的答案，对于性格不同、经历不同的个体来说，可以说是一千个人有一千个答案。这里抛出的是我自己的观点，仅代表我个人对于这个问题的看法和认知，只具有参考意义，不具有指导意义。如果在条件允许的情况下，尽可能选择去大公司。我不知道这是不是对所有行业的从业者都适用，但是对于营销策划从业者来说，毕业以后就去大公司，可以在营销策划上少走很多弯路。

13.2.1 在职业生涯初期，你需要有放之四海而皆准的口碑

奥美和蓝标出来的营销策划人才，到全国任何一家广告公司找工作，都是一件轻而易举的事情；

人民日报、南方周末出来的记者和编辑，去任何一家媒体找工作，也是一件轻而易举的事情；

华为出来的研发人员，去任何一家研发机构找工作，也是一件轻而易举的事情；

宝洁、联合利华快消品市场部出来的人员，去任何一家快消品公司市场部找工作，也是一件轻而易举的事情。

麦肯锡出来的咨询人员，去任何一家咨询公司找工作，也是一件轻而易举的事情。

为什么呢？因为这些基本上代表了国内某个行业领域的最高水平，只要你的职业生涯里有这样一段经历，说明你已经被行业内最顶尖优秀的公司认

可了，那么外界自然会给你一个机会。其实外界认可的并不是你这个人，而是你在优秀的公司的工作经历以及你公司的前辈们通过几十年努力累积起来的行业口碑。是的，很多口碑都是花了几十年才累积起来的，不要觉得自己个人能力出众就一定能够脱颖而出。很抱歉，大部分求学经历普通、工作经历普通的简历，大公司的 HR 连看都没看过就放到了垃圾桶。在职业生涯的初期阶段，单个个体的影响力是很渺小的。即使你是清华或北大毕业，在职业生涯初期，你的影响力也是微乎其微的，只不过是大公司的一颗螺丝钉，有你没你，公司照样运转得很好。当你的个体影响力微乎其微时候，你需要的是已经被大众认可的职业生涯的背书，大公司几年的工作经历就可以为你的履历增添光彩。

在职业生涯初期，一定要认清楚一个现实，个体渺小，行业经验欠缺，即使你的个人能力再出众，在小公司也得不到发挥。你虽然逃脱了做大公司螺丝钉的命运，却逃脱不了做小公司螺丝钉的命运。在小公司混个三五年，看似混了一个小主管，但是这样的工作大部分只能让你饿不死吃不饱，也得不到持续的进步。当你想要跳槽的时候，从小公司跳去大公司非常难，即使你在本土的广告公司有了 3～5 年的工作经验，蓝标、奥美大概也不会聘用你，除非你有特别出众的才能。从大公司去小公司却非常容易，只要你有奥美、蓝标的工作履历，基本上可以通吃国内所有的广告公司，这些公司都愿意给你一个通行证。

这个现象我把它称为放之四海而皆准的标准口碑，职业生涯初期，渺小的个体非常需要这个通行证。

13.2.2 大公司有优秀的人才，和优秀的人在一起才能做出好的项目

清华、北大、复旦的毕业生都流向了哪里？他们大多去了我刚才所说的行业内的业界标杆企业和单位。BAT、国企、世界 500 强，这些企事业单位收了大部分 985 名校的高才生。千万不要相信北大的学生毕业找不到工作只能卖猪肉，一个小学毕业生创业最终做成几个亿身价这样的故事。媒体报道，

说明这是不太容易发生的现象，就是小概率事件，一般情况下不会发生在你我这样的普通人身上。这本书里提到的观点都是基于不要对小概率事件抱有期待，我们要做符合普罗大众做的事情。如果真的要去比较，可以拿清华、北大毕业生十年的收入和普通大学毕业生十年的收入做一个对比，就会发现清华、北大的学生的收入要远高于普通本科毕业的学生。这就是客观规律，在尊重客观规律的情况下我们再来探讨优秀的人才。

以我所接触的人群来看，985高校毕业的学生的优势在于有责任心、好学、领悟能力强。长时间工作下来，我们会发现有一群责任心强、好学、领悟能力强的同事是多么重要，这样的同事可以节约你的沟通成本，化解你的担忧，让你做事情很顺畅。而如果和你搭档的同事是一个不负责任的人，你得时时刻刻担心着你们的合作会不会出状况；一个领悟能力差的同事，理解有偏差，可能导致执行错误，这种情况下，你就会觉得做事特别累。

基于这样的前提，优秀的人才大多流向业内知名的标杆企业，对于他们来说，也遵循放之四海而皆准的准则。只有去大公司，你才有机会和优秀的人才共事，和优秀的人才共事意味着你更有可能做出好的项目。事情都是人做成的，但优秀的人的成事概率更高。例如，好多互联网创业项目的创始人是清华的工科男。

13.2.3　大公司有好的平台和资源，可以让你站在更高的起点

你在奥美、蓝标可以服务的客户都是京东、阿里巴巴、宝马这样的大公司，你在央视可以采访到很多精英、大人物，甚至是国家领导人、各种政经界的名流。这些都不是因为你个人能力出众而得到了这样的机会，而是你所服务的平台赋予你的机会。只有你是央视媒体记者的时候，你才获得了这个资格——采访一个国家领导人，其他平台媒体的记者连通行证都没有。你在百度工作对标的是谷歌这些优秀的公司；你在奥美工作，你关注的是全国甚至全球的广告行业的动态和案例，并不是因为你对这些特别感兴趣，而是你所在的平台要求你不得不去关注这些资讯。当你见多了优秀的广告案例的时

候，你自然会有很多好的创意和思路；当你采访了足够多的大人物的时候，你对于这些人物的采访自然驾轻就熟，你在和这些人物沟通交流过程中自然会耳濡目染，学会很多东西。

这就是大家所谓的"见世面"，公司平台越好，自然让见的世面就越大，只有在央视，你才有可能采访到国家的最高领导人。当你面对这些聪明人都能谈吐自如的时候，你想想自己所具备的综合素质自然不言而喻。当一个快速发展的公司需要在全球范围内扩展的时候，你自然有了去很多国家做一方诸侯、开辟一个全新市场的挑战机会，但是当一个公司只能在一个城市里发展市场，你个人能力再强，也只能局限在一个小市场里做营销策划。这里就有了一个不得不尊重的客观规律，很多时候并不是你具备了这个能力而去做这件事情，而是当公司给你机会、给你资源做这个事情的时候，你在做事情的过程中具备了这个能力。这就是大公司能够带给你的平台和资源。

1. 刷屏级案例往往来源于不计成本的前期投入，只有大公司才有这个财力

网易做了一个又一个刷屏级 H5 的时候，采访的时候网易都说是自然流量引爆的；人民日报做的晒出你的军装照做到了 1.5 亿个浏览量的时候，大家都觉得是好创意。不可否认这些营销案例策划者的策划能力，抓住用户痛点的洞察能力，以及强大的执行能力。但是我们不能忽略一个事实，这些平台本身所具有的庞大的种子用户群体助推了整个案例的刷屏。试想人民日报有多少用户，网易有多少用户，对于他们这些案例来说，只要自己拥有媒体资源，随便一推，流量就来了，自然就有了第一批种子用户。只有第一批种子用户传播，才有大量被传播的可能和机会。这些案例的策划会比普通的要出彩很多，但是同样把这个策划案运用到一家小公司的产品上，别说刷屏级，就是能不能被传播出去都是一个很大的问题。

如果公司没有足够的投放资源，很多营销策划案例是得不到有效传播的。这就是大部分小公司存在的问题，做了很多营销内容策划，但是大部分内容策划都得不到传播，属于自嗨型内容。因为这些自嗨型内容得不到真正的用户和市场的反馈，对于策划者来说也就得不到真正的改进和完善建议。市场和用户才是检验方案好坏的试金石，只有大公司，才有大笔的渠道预算来检

验营销策划者内容的优劣，才能得到真正的市场反馈。

2. 大公司有试错成本和机会

腾讯内部实行赛马机制，就是说一个项目很有可能是好几个团队同时在展开，最终会选取一个最优的方案，这就是大公司为了做成一件事情不惜成本投入的典型案例。同样，对于很多营销策划案例来说，大公司允许团队犯错误，因为即使这个团队犯了错误，公司还有其他团队做的方案。广告投放渠道有一两个偏差对大公司来说也不是一笔很大的费用，因为大公司不仅仅投放了这个渠道资源，还有更多的渠道资源能够发挥有价值的作用。这就是大公司螺丝钉的原因所在，大公司能够良好地运转完全不靠个人的能力，而是靠整个公司的制度在运转。三流的公司人治，二流的公司制度管理，一流的公司文化管理。凡是靠人管理的公司，就会对人犯错的要求很苛刻。只有在不断试错中，我们才能找到正确的道路。大公司不仅可以给你犯错的成本（机会成本和时间成本），还能让你在不断犯错中找到正确的道路。

3. 大公司有一套标准的流程体系，制度完善，术业有专攻

一般小公司的营销策划都是多面手，会把工作内容类似的活都干了，也就意味着一个市场部可能承担了媒体沟通、公关、广告投放、新媒体运营、公司内部宣传等一切和文字传播广告相关的工作。一个策划承担了文案、策划、媒介管理等多方面的工作。很多时候，哪里需要人就去哪里，因为公司比较小，也缺乏相应的体系和规范，对于未来的长远规划也比较欠缺。

大公司则不一样，一般都有很明确的部门划分和岗位职责，比如一个大公司的营销部，下面就会分成媒介沟通、公关、产品营销、品牌营销、数字化营销等不同的职能，每个部门都不是由一两个人组成的，而是一个小团队，小团队里还会有细分的岗位。只要每个人按部就班地工作，事情就能良好有序地推进，这就是为什么一个人的离职对大公司的运转不会产生任何威胁。因为大公司靠制度运转，制度完善的情况下，个人的作用就会降低。再比如，大的广告公司会区分策划、策略、文案、客户主管、设计等不同的岗位职责，以文案为例，发展路径有可能就是文案、资深文案、文案主管、文案总监。

既然个人对大公司作用微小，那个人去大公司岂不是发挥不了作用？其实不然，大公司需要这么一个人干这个岗位的活，而且大公司的平台资源以

及完善的制度和流程体系可以使你成长。只要你在工作期间认真学习、细心观察，就会取得很大的进步。这时候你要想去小公司，就会发现良好规范的工作流程和良好的工作习惯才能真正助推你去发挥你自己的价值。而小公司大多数时候是一个消耗型的平台，他们对于人才的需要就是干活，缺乏长期有效的人才培养体系，因为它自己也不知道下一年公司还能不能生存下去，当然不会规划得那么长远。

13.3　营销策划工作从业者如何学习和提升

既然大公司那么好，那就去大公司吧。很可惜的是大公司和名校一样，对于大部分学历普通、工作经历普通（非名校名企的履历）的人来说，是大门紧闭的。我虽然说了这么多大公司的优点，很可惜的是我自己也一直在小公司打转，而我的学历只是普通的二本院校。那么是不是就意味着我们就要自暴自弃,在小公司混日子,拿着一份不错的薪资？这当然是一个不错的选择，但是这本书是写给和我一样想在营销策划行业有所发展的人的，我希望在这个行业有一定的影响力（这种影响力不是知名度，而是对于行业有自己的见解），能够做出一两个让自己值得骄傲的营销策划案例，能够真正通过营销策划为企业品牌和产品带来知名度和销量的提升。那么非名校名企履历的人该如何学习和提升呢？

13.3.1　大量阅读行业经典书籍

我一直觉得阅读是最廉价、最方便的一种自我提升方式。一本书几十元，却是一个人多年经验的总结积累。所以大量阅读行业内的经典书籍是提升自我的一个很好的方式。

如何判断这是行业内的经典书籍？一个最简单的方式，多次再版的行业书籍就可以称为经典。这是我最近从一个美妆博主那里领悟的道理，有人问这个美妆博主，网络上的网红护肤品可以买吗？这个博主的答复是网红护肤品不乏好的产品,但是世界上有那么多知名品牌的经典产品,这些经典产品历经几十年而不衰,还在受到全世界各地消费者的喜欢和反复购买,说明不同国家的好几代人都已经帮你检验过这款产品的品质了。所以与其在鱼龙混杂的网红护肤品中不断尝试、做小白鼠,付出时间成本和金钱成本,还不如买经得起时间检验的经典产品。这个道理同样非常适用于挑选行业经典书籍,在这个知识爆炸的阶段,各种书籍、知识付费产品层出不穷,各种教你写文案速成方法的课程也遍地开花。在鱼龙混杂的知识海洋中,挑选多次再版的经典书籍是节省时间成本的最好方式,因为很多人已经帮你检验过这本书的质量了。

13.3.2 分析、追踪与拆解行业优秀案例

我发现一个现象,很多优秀的营销策划案例都能找到经典案例的影子,但是只是影子,实质呈现的形式最终却有了很大的变化。这就是说,很多优秀案例的灵感来源于以前某一个案例。如何才能不断蹦出好的创意点子来?古代有"读书百遍其义自见"的观点。这些例子最终都指向了案例的累积,很多好的案例灵感来源于某些素材,但是不是简单的抄袭,而是一个案例灵感思路的来源。这就需要我们在日常的工作和生活中不断积累这些案例。朋友圈每天都有不停刷屏的好案例,外行看过热闹不留下一点痕迹,而作为同行,就应该有意识有目的地收集这些案例,整理进自己的素材库。分享几个整理的方法。

1. 按节日分

正如前面章节讲到的,节日营销是一个很重要的时间营销节点,但是三天一小节五天一大节的频率也是很考验营销策划人员的创意能力的,创意并不是天马行空地乱想,而是有技巧、有方法论的,而对于不同节假日做一个案例的整理是一个好方法。七夕节怎么做?看了100个品牌的七夕节案例以后,自然能从这100个案例里找到灵感。

2. 按品牌分

按照节日分是最实用的,因为一般营销都是按照时间节点不断推进的。但是行业内还有很多优秀的品牌,比如做新媒体营销的标杆企业杜蕾斯,一些在营销领域经常能出精品的品牌值得长年追踪。对于节假日的追踪,你只

能看一年的营销案例，但是对于品牌的长期追踪，能让你看到整个营销行业的发展变化。比如随着社交媒体的崛起，营销形式的变化，H5 的起起落落也很容易从品牌是否还在采用 H5 做营销上看出端倪。追踪优秀品牌不仅能让你对于这个品牌的案例有所了解，还能让你站在更高的视野看营销策划。

3. 按形式分

万变不离其宗的意思就是说每次你看着很新颖的案例，往往逃不出几大形式。营销策划的形式本质上并不多，但是因为不同品牌对于其运用的方式不同，让人觉得创意策划好像是一件很难的事情。其实只要找到策划的思路，从营销策划案例的形式上对案例进行整理归类，找出内在逻辑，营销策划创意就会变得很简单。

13.3.3 持续撰写对行业思考的内容

随着自媒体的兴起，很多人通过写作改变了自己的命运。为什么突然之间写作会变得这么重要呢？从我自己的 6 年写作经历来谈谈写作对于提升自己营销策划能力的一个好处。写作是我坚持最久的一个事情，我前期的写作没有集中在营销策划这个领域，但是这不妨碍我来谈谈写作对于营销策划的好处，因为我发现这些技能都是互通的。

1. 写作能够锻炼自己的表达能力

所写非所想是大部分人开始写作以后遇到的一个最大的困扰，也就是说很多人的逻辑思维并不清晰，表达能力不好。大部分文字表达能力不好的人，口头表达能力也不会太好，这是和逻辑思维相通的。表达恰恰是职场中很重要的一环，你在职场面临着和上司沟通、和下属沟通、和平级沟通、和供应商沟通等各种情况，如果表达能力不好，往往会限制沟通的有效性，很多你想要传达的内容没有传达到位。

写作就会逼迫你不得不去整理自己的思路，在长年累月的写作过程中，你会发现自己的思路越来越清晰。随着写作表达能力的提升，口头表达能力的提升也是水到渠成的事情。所以如果一个人能够长期撰写对于行业的见解和思考，这个人在后续沟通时就会有条理，逻辑思维清晰。他就很容易被大众认可,也就会获得更多的机会。

2. 写作能反逼自己去关注行业的经典书籍和经典案例

如果是一个持续写作者,写作过程中遇到的第二个问题是写作素材的匮乏。一开始写作的时候很兴奋,觉得什么都能写,但是当写了一段时间以后,就发现可写的事情都被自己写了一遍,面临无素材可写的尴尬。大量阅读经典书籍和行业经典案例的作用就显示出来了,写作中有这样一个观点,一个人输出1万字,说明他至少已经输入了10万字。当你发现无内容可写的时候,说明你的输入不够多。有很多源源不断写作灵感的人,往往都是疯狂的阅读者,他们善于从各种各样的素材中寻找自己需要的内容。

3. 写作能让你不断思考身边和营销策划相关的事情

最近几年我给自己规定每周写一篇零售相关的文章,后来逐渐养成了凡是去逛街就要看看商家服务是不是到位,凡是去购物中心就要去看看有没有新的品牌入驻,凡是一个新的模式出现就要去体验一下流程是否比之前的旧模式有所改进。后来就算是出国旅游都不忘观察日本和泰国的零售,可以说一到有零售的场景中,我就能自动进入思考的状态。我要去思考,这个现象是不是值得写成一篇文章,是不是值得零售人学习,是不是值得零售人借鉴,是不是有改进空间。生活中小到一个门店门口雨天陈列雨伞,晴天陈列了矿泉水都能引发我对于天气营销的思考并写出好几千字的文章。这对我的生活来说不造成任何负担,都是在随意逛街的过程中就把文章提纲构思好了,然后等有一个完整的时间就把内容撰写成一篇有参考价值的文章。

这就是写作的魔力。对于营销策划来说也是一样的道理,如果你有一个持续写作的计划,你就会变得特别敏感,你看到各种案例、各种营销策划场景的第一反应都是这能不能写成一篇文章。

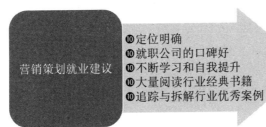

图41 营销策划就业建议

13.3.4 考研刷新自己的第一学历

要说社会没有学历歧视是不现实的，许多大城市抢人才，对研究生落户的要求就会宽松很多。但是当你感受到来自学历歧视的时候，你愤愤不平，除了发泄内心的不满，对自己没有任何好处。其实，你还可以通过考研进修等方式来刷新自己的第一学历。复旦的新闻传播系、北大的中文系都是行业内的金字招牌。当然，我也不是说非要刷一个名校的学历，而是说学历歧视是客观存在的。当一个企业完全可以招985高校的优秀毕业生的时候，为什么要从普通高校万人淘金来淘你（即使你的优秀程度不输于985的学生）？对于人力资源部来说，有条件的情况下提高招聘效率当然要从优秀的高校毕业生开始选择。我身边有很多通过刷新自己的第一学历来实现突破的励志案例，有人刷到了清华的硕士，有人刷到了传媒大学的本科，有人刷到了国外高校的博士……当然，这一路的坎坷只有当事人知道了。他们刷学历的目的很简单，就是因为第一学历太差，在找工作的时候受到各方面的掣肘，严重影响了个人的发展，所以于是干脆心一横，在学历上进行自我提升。

13.4 我的职业生涯感悟

因为是非名校本科毕业，所以在求职的过程中我自然走了很多弯路，兜兜转转去过几家不同性质的公司，也做过营销策划大类里不同工作内容。所以本书最后一小节以我个人的职业生涯感悟作为结尾。

13.4.1 本科专业只是敲门砖，工作后需要不断补充各科知识

本科的专业只是职业生涯的敲门砖，后续很多工作都需要一个人具有交叉学科的知识，才能在职业生涯中往前走。不同的组合会产生不同的职业岗位，

很多知识是在岗位中慢慢学习积累的,当然也可以选择培训、在职研究生等阶段性学习来提升自己的专业知识。

以财经媒体为例,最好是汉语言文学和经济学相关专业。因为做好一个财经记者,需要看懂企业年报,要洞察企业动向;比如时尚媒体,国外有很多奢侈品管理类专业,时尚不是从天而降,时尚也是有规律可循的,只要掌握了一定技能,就能发现时尚热点;比如做文案,语言能力特别强是一方面,但是能够了解消费者,对营销有所了解,才能写出更好的商业文案。这些例子都说明一个人具备交叉学科的能力,职业发展才不会受限。

很多用人单位也知道行业知识是靠日积月累形成的,他们对于有一定写作能力的汉语言文学的学生也会给予财经记者的机会。这就是所谓的敲门砖,很多专业能帮助你在某一个岗位上就业,至于职场发展就要看自己的学习能力。

很多专业有交叉,又有自己的特点,在实际工作中往往分得没有那么细。很多细分是在工作中产生的,大学专业只能分个大类,打个基础。我所能想到的交叉专业就有这些:汉语言文学、新闻、传播、广告、营销、公共关系,每个专业有所侧重,又有重合,这些专业毕业的学生很有可能会进入类似的工作岗位。

13.4.2 让自己有更多的选择和发展空间

我在本书中提到,不同行业的营销策划有所不同,在媒体和甲方、乙方又有所不同,这些不同岗位和行业之间跳槽的情况都是基于愿意在全国范围内变动工作岗位的人。每个岗位都有上升的空间,只有在北上广深杭这样的城市,才能做到做媒体的跳去甲方做市场,做乙方的跳去甲方。而在小城市选择的机会很少,比如很多城市根本没有广告公司,就算有也只是活动执行公司,所以单一的文案这个岗位就无从发展。在小城市,媒体最多就是一家由政府控制的官方媒体,时尚、财经、旅游这些分类也无从选择了,世界500强市场部更是没有可能。

如果你一开始就决定在小城市定居,建议选择事业编制的工作,相对来说光鲜、高薪、轻松。据我所知,小城市的私营企业岗位选择少,待遇薪资要比事业编制差，而且很多企业竟然还做不到国家法定节假日休息。不过如果决定进体制，也要发展自己的副业，不管是写作、理财，还是做点淘宝小生意，尽量让自己保持竞争力。体制的好处是短期内旱涝保收，但是从长期来看，也存在调整的问题，5年内不会有问题，10年、15年、20年会怎么样，真的不好说。很多人可能会成为调整的牺牲品，到时候就比较悲催。

如果你决定要走市场经济的道路，尽量去大城市，市场经济能检验一个人的能力，优胜劣汰，给有能力的人高薪，没能力的人就会失业，现实比较残酷，但是只要一个人肯付出努力，还是有相对不错的回报。

13.4.3　文科生的职业护城河相对较弱，但是做到最高等级以后又很强

文科类专业的做理工科类工作的很少，如前面提到的营销策划的门槛很低，但是理工科类工作的门槛则较高，要做技术性人才，没有专业技能基本不能入行。一个汉语言文学专业的学生，如果没有编程、数据库管理、网页设计等相关技能，想去做软件开发，真是难上加。汉语言文学的毕业生如果要从事某一个专业技能要求很强的岗位，意味着要全部重新开始学习，比如编程，少说入行得一年，而且真正热爱的人少之又少。

理科类专业做文科类专业的却不少，比如学机械类的从事媒体（很有可能是汽车类）。因为文科类专业的专业技能不强，入门门槛比较低，很多岗位的工作都比较简单，所以在文科类专业毕业生中，初级阶段的职业生涯护城河非常不牢固，很容易被取代，而且竞争者多。

文科类专业，做到高级以后却往往又比理科类专业更强大，护城河又长又牢固，比如畅销书作家，基本上是名利双收。国外大学有个统计，一般理工科毕业的学生，在工作的前5～10年收入远远高于人文社科类的学生，而到了职业生涯的第10年以后，人文社科类的从业者的收入就会赶超理工科类的，因为人文社科类专业上升到管理岗位的概率大得多。

13.4.4 刚入行注重专业技能，发展到高层更注重通用技能了

基础阶段的技能更侧重专业知识，在职业生涯的前 5～10 年，大部分时候还是需要凭借专业技能和专业知识吃饭的。但是发展到职业生涯后期，更侧重的是通用技能，也就是逻辑思维能力、大局观、管理、沟通、决策等这些技能。这时候就会发现，高层跳槽的时候，对于专业行业的限制就会变小，宝马公司的高管跳槽到可口可乐公司做高管也是完全可以的，因为对于行业专业知识的了解，管理层下面的人都可以做，高层管理者要做的是沟通技能、用人技能、战略布局技能，这些技能上升到高层面以后都是通用的。

13.4.5 既然说到了刷新第一学历，那么要不要读研究生

我刚毕业的时候，非常纠结要不要读研究生，但是根据我工作的经验来看，除非要走科研路线，其他学生建议先就业。

1. 时间成本很大

国内研究生要读 2～3 年，其实这在职场上是一段试错时间。在前面已经提过了，营销策划在不同的行业就会有不同的要求，不同部门的不同岗位也需要不同的技能。面对这么多选择，那么到底要去哪里，哪个才是最适合自己的，对于刚毕业的学生来说是完全不清楚的。不同的公司有不同的企业文化，如果你不去工作一段时间，你是无法弄清楚自己适合什么岗位、适合什么样的公司的。所以这 2～3 年是职场一段宝贵的试错时间。

一开始，我以为我喜欢的职业，最终发现原来根本不适合我。比如财经媒体，我面试过几家，面试官都说我没有经济学背景，不适合这份工作。我觉得是招聘单位歧视，后来发现这个岗位真的不太适合我，幸好没入行。因为我不喜欢数学，看到财务报表就头疼。比较专业的财经媒体说到底是和数字打交道。

2. 大部分人不知道要读什么，可以等过一段时间再读

我刚大学毕业的时候想读研究生，但是完全不知道读什么，要去哪里读，怎么读，读完以后要干什么，非常迷茫，因为完全不知企业需要什么样的人才，自己要走怎样的职业发展道路。当工作一段时间以后，我慢慢摸清了自己的喜好，了解了自己的方向，更了解了职场对于不同人才的需求。

我在工作中发现，我既对商业感兴趣，又对文字感兴趣。这个最好的组合竟然是广告，因为它既需要文科生的语言能力，又需要对消费者的了解。明白了这点之后，我就需要熟悉和汉语言文学交叉的学科——广告营销，如果我要读研究生，就会选择这个方向。这是在工作中慢慢试出来的。虽然是文字类，但是岗位不同，性质也是千差万别的，如果我继续留在学校读书是很难发现的。我们进入职场以后就会发现学习是终身的，了解清楚自己适合什么再读完全不迟。

3. 不要计较一时的薪酬得失，大公司也不会亏待人才

在职场上不要计较一时薪酬的得失，大公司的薪酬体系非常规范和完整，比如一个校招的本科生年薪是多少，研究生年薪是多少，是相对固定的，很少为个别人而突破这个价格，也就是意味着不管你在学校多么优秀，你的学校多么厉害（当然很多大公司只招985、211的学生），你只能拿到一个公司人力资源体系定好的价格。小公司往往可以因人设岗、因人设薪，因为小公司没有这些体系，没有这些体系意味着公司不规范，人事体系不规范，推及营销体系也是一样的道理。小公司多给的一些钱，大公司会在各方面的资源上给你弥补回来。

我在这一章节一再强调体系、系统、规范这些关键词，很多人会说也有不少大公司就是因循守旧，守着制度过日子而逐渐被社会淘汰。大公司的制度必然存在弊病，这些弊病自然会在社会发展的过程中遭到淘汰，但是即使是这样，大公司对于大多数普通人来说也是输出方，小公司因为管理不规范倒闭的概率就更大了，创业公司5年里生存率不超过5%。

还有很重要的一点，去大公司不是去端铁饭碗的（大部分人想去大公司是因为大公司倒闭裁员的概率很小，而且各方面薪酬待遇普遍较高），一旦进入大公司以后就不思进取，开始混日子，大公司混日子也很容易，但是日

子混久了，另谋工作时基本上就是一个废人了。如果去大公司想端铁饭碗，最终可能会成为一颗真正的螺丝钉，任人替换。去大公司是去打基础的，是去系统化学习的，是去完善基本功的。

我这本书是写给毕业 5 年以内的营销策划人员看的，5 年以内的营销策划人员只是刚刚入门，对于行业有一个理解。所以在职业早期，更重要的是系统地学习，而不是在小公司摸爬打滚走弯路。环时互动是一家曾为杜蕾斯服务的广告公司，他们写出来的文案都很符合互联网营销，但是他们在招聘的时候还是想找一些传统老牌市场部出来的人员，则是因为这样的人功底扎实，只有在扎实的功底上才能做出各种好的创意。